KNAUR

Über die Autorinnen:
Monika Bittl studierte Germanistik und Psychologie, Silke Neumayer Kommunikationswissenschaften. Beide schreiben mit großem Erfolg Romane und Drehbücher. Sie leben mit ihren Familien in München, wo sie sich täglich mit einer großen Portion Humor dem aussichtslosen Kampf stellen, sich selbst und der Welt gerecht zu werden. Zuletzt erschien von ihnen »Alleinerziehend mit Mann«.

**Monika Bittl
Silke Neumayer**

MUTTI TASKING

●○●○●○●○●

Knaur Taschenbuch Verlag

Besuchen Sie uns im Internet:
www.knaur.de

Originalausgabe Mai 2013
Knaur Taschenbuch
© 2013 Knaur Taschenbuch
Ein Unternehmen der Droemerschen Verlagsanstalt
Th. Knaur Nachf. GmbH & Co. KG, München
Alle Rechte vorbehalten. Das Werk darf – auch teilweise – nur mit
Genehmigung des Verlags wiedergegeben werden.
Umschlaggestaltung: ZERO Werbeagentur, München
Umschlagabbildung: FinePic®, München
Satz: Adobe InDesign im Verlag
Druck und Bindung: CPI – Clausen & Bosse, Leck
Printed in Germany
ISBN 978-3-426-78539-3

2   4   5   3   1

INHALT

● ○ ● ○ ● ○ ● ○ ●

VORWORT

Eine Frau, die morgens im Nachthemd auf einem Lego-
stein ausrutscht und dabei im Sturzflug die Kinder noch
zum Anziehen animiert, eine Frau, die mittags eine Chefbe-
sprechung wegen Windpockenalarm aus der Kita unterbrechen muss und abends beim Kochen gleichzeitig Vokabeln
abfragt, eine Frau, die mit einem Ohr telefonische Notfall-
seelsorge für die beste Freundin leistet und dabei die Mail des
Elternbeirats beantwortet – so eine Frau ist Mutter, und die
weiß ganz genau, was wir mit »Muttitasking« meinen.
Wir Mütter befinden uns täglich im Sturzflug von den hohen
Idealen der perfekten Familie hinab zu den schnöden Dramen
des Alltags. Kaum glauben wir, alles im Griff zu haben, schmeißen die Kinder, der Mann, ein paar kleine Läuse oder ein paar
noch kleinere Viren oder unser Chef den so sorgfältig ausgear-
beiteten Terminplan über den Haufen – und wir organisieren
und managen erneut, jonglieren hundert Bälle gleichzeitig in
der Luft, bis wir eines Tages feststellen, dass es eigentlich nur
eine einzige sichere Konstante im Leben einer Mutter gibt: die
nächste Überraschung.
Mit Augenringen beglückwünschen wir uns im Spiegel dazu,

täglich an unseren Aufgaben zu wachsen – und fragen uns in ketzerischen Momenten trotzdem, warum die Menschheit noch nicht ausgestorben ist. Welcher Bewerber würde schon eine Stelle annehmen, deren Beschreibung ungefähr so lautet: 24-Stunden-Job, Mindestvertragslaufzeit 18 Jahre, keine Bezahlung, hohe psychische Stabilität erforderlich, Krankheitsvertretung nicht vorhanden, Festlichkeiten und Urlaubszeiten stellen zusätzlich hohe Anforderungen an die Belastbarkeit – und die Fähigkeit zum Managen verschiedenster Lebensbereiche *gleichzeitig* ist unabdingbare Voraussetzung.

Mag sein, dass wir beim ersten Kind noch völlig naiv die neue Stelle auf Lebenszeit angetreten haben. Aber es soll ja Frauen geben, die sogar zwei oder mehr Kinder kriegen. Sind die denn völlig durchgeknallt?

Seitdem Kinder nicht mehr das zufällige Nebenprodukt des Geschlechtsverkehrs sind, sondern das sorgfältig bestellte Glücksversprechen unseres Lebens, wollen wir die Kleinen samt Karriere und Mann perfekt in unseren Lebensentwurf einbauen – und stellen tagtäglich fest, dass wir als Mütter zwar super organisieren und managen können, dass aber mit Kindern jede Planung ungefähr so zuverlässig ist wie der Wetterbericht für den Sonntag in fünf Wochen.

Sollen die Leute uns doch erzählen, dass wir »einfach bloß« unseren Perfektionsanspruch herunterschrauben oder unsere Kinder »einfach nur« anders erziehen müssten, damit alles rund und ganz entspannt läuft.

Alles Quatsch.

Kinder sind Leben pur. Und das Leben hält eben immer Überraschungen bereit und lässt sich nicht kontrollieren – egal, wie gut wir organisieren.

Die Wahrheit ist ganz einfach: Kinder machen glücklich. Sie

sind aber auch gleichzeitig das Anstrengendste, was man sich vorstellen kann. Denn nach der Entlassung aus dem Kreißsaal sind wir plötzlich alles in Personalunion: aufopfernde Mutter, geldverdienende Arbeiterin und gefälligst attraktiv zu bleibende Frau. Doch Studien zeigen, einander diametral entgegengesetzte Rollenanforderungen verursachen den größten Stress.

Wir Menschen können uns viel lockerer vierzehn Stunden lang einem einzigen Job widmen, als ständig zwischen Mann, Kind, Job und Haushalt zu wechseln. Aber wir Mütter wechseln manchmal die verschiedenen Bereiche im Sekundentakt – oder halten alle Bälle gleichzeitig in der Luft.

Trotzdem sind wir stolz auf unsere Familien und auf uns. Wir lieben das bunte, ungeplante Chaos mit ihnen, das uns so sehr an unsere Grenzen bringt. Und dann liegen wir in seltenen Augenblicken sogar untätig auf der Couch und fürchten uns davor, dass die Bälger und mit ihnen der ganze Familienwahnsinn eines Tages ausziehen und eigene Wege gehen. Dass wir nicht mehr morgens über Legosteine stolpern ...

Kinder verändern das eigene Leben. Wir trauen uns seit ihrer Geburt ungeschminkt auf die Straße, wir zucken vor blutenden Platzwunden nicht mehr zurück, wir können Familienfeste gelassen überstehen. Kurzum: Wir kreisen nicht mehr ständig um unser eigenes Ego. Wir leben – wie alle anderen Mütter auch – den alltäglichen Wahnsinn und den permanenten Spagat, um die verschiedenen Rollenanforderungen unter einen Hut zu kriegen. Und genau davon handelt *Muttitasking*.

Wir stellen keine gewagten Thesen auf, wir geben keine Ratschläge, wir sagen nicht, wie man in drei Wochen zur Super-Mom oder zur Manager-Mom wird. Denn wir sind schon irgendwie und sowieso Supermütter – so wie alle anderen Mütter auch –, wenn wir es bloß zulassen, unsere Stärken zu sehen.

Muttitasking beschreibt den chaosgeschüttelten, stressigen, gesellschaftspolitisch unerhörten und zugleich wahnsinnig glücklichen Alltag mit Kindern. Ungeschminkt, lustig, authentisch und ohne zu jammern – einfach so, wie ihn alle anderen Mütter auch kennen und die sich deshalb hoffentlich in ganz vielen Geschichten wiederfinden.

1.

DANKE FÜR DIE BLUMEN

● ○ ● ○ ● ○ ● ○ ●

Kurz nach der Entbindung von Lukas, meinem ersten Kind, besuchte mich meine Freundin Maria. Sie klingelte nicht an der Wohnungstür, sie klopfte leise. Komisch, dachte ich mir und öffnete.

»Hallo, Maria, warum klopfst du denn?«

»Ich wollte dich nicht stören.«

»Seit wann störst du mich? Ich hab mich doch nicht verändert, nur weil ich Mutter geworden bin!«

Maria blickte mich zweifelnd an. »Also ich mein, du bist ja wahrscheinlich froh, endlich einmal eine Stunde zum Schlafen zu kommen. Und wenn dann Besuch daherkommt und dich genau in dem Moment weckt …«

»Ach was, ich richte doch mein Leben nicht bloß nach dem Kind aus! Jetzt komm rein, ich mach uns einen Kaffee.«

Maria war zu diesem Zeitpunkt schon dreifache Mutter und ich immer noch der Ansicht, dass ich ganz problemlos mein Leben wie vorher weiterleben würde.

Im Gegensatz zu anderem Besuch kurz nach der Entbindung brachte Maria mir weder ein Stofftier noch Schnittblumen noch Babysöckchen. Aus ihrer Handtasche zog sie einen kleinen Umschlag. Es war ein Gutschein für die Pizzeria um die Ecke.

»Ah, danke, Maria. Super Idee. Mal wieder richtig schön essen gehen, freu mich schon darauf. Wann hast du Zeit?«

»Ähm, also ich dachte, der Gutschein ist für euch. Also ich war nach jeder Entbindung immer wahnsinnig froh, wenn ein Essen nicht eingekauft und gekocht werden musste …«

»Also hör mal«, erwiderte ich. »Jetzt, wo ich eh in Babypause bin, hab ich doch Zeit, bloß jetzt im Moment ist es noch etwas chaotisch, wir sind das halt noch nicht so gewohnt mit Kind.«

Maria starrte mich ungläubig an.

»In ein oder zwei Wochen hat sich das alles eingespielt, sagt auch die Hebamme«, ergänzte ich.

»Wie alt ist Lukas jetzt genau?«, fragte Maria.

»Morgen wird er genau eine Woche alt, sieben Tage!«, strahlte ich.

Maria lehnte sich etwas beruhigter zurück. »Da wirken noch Glückshormone in deinem Körper, du spürst den Stress noch gar nicht.«

»Jetzt komm schon, ein Kind ist doch kein Stress, das ist … wie soll ich sagen … Freude pur. Schau dir mal seine Augen an, komm, schau!«

Maria bewunderte meinen Erstgeborenen gebührend und gab weder kluge Ratschläge noch weitere Kommentare ab. Ziemlich bald verabschiedete sie sich, um nicht weiter zu »stören«. Ich wunderte mich über ihr Verhalten und führte es insgeheim darauf zurück, dass sie ihre eigene aufopfernde Mutterrolle bei dieser Gelegenheit entsprechend herausstreichen wollte.

Drei Wochen später hätte ich jeden Besuch, der Sturm klingelte, um mich zu überraschen, erwürgen können. Ich war gerade eingeschlafen gewesen nach einer Nacht, die aus gefühlten fünf Minuten Ruhe bestanden hatte. »Komm, lass uns heute Abend ausgehen«, forderte mich der Besuch auf. »Damit du auch einmal etwas anderes als das Baby siehst«, sagte man mir direkt in die Augenringe vom Ausmaß eines Bodensees hinein. Dass diese Leute den Besuch bei mir überlebten, ist nur der Tatsache zu verdanken, dass ich einfach zu müde und zu schwach war, um ein Küchenmesser zu holen oder Gift anzumischen.

Nach der Entbindung von Eva – zwei Jahre später – freute ich mich riesig über Marias Besuch. Sie klingelte nicht, sie klopfte nur leise. Aus der Handtasche zog sie einen Gutschein für ein asiatisches Take-away-Essen und einen zweiten Gutschein für einen Tag Lukas-Hüten. Müde lächelnd nahm ich ihr Angebot, gleich wieder zu gehen, dankbar lächelnd an, weil Eva gerade schlief und ich mich dazulegen konnte. Maria nahm ihre Jacke und – ich glaubte, nicht richtig zu sehen – einfach meine Zimmerlinde und die Orchidee mit. Hatte ich Halluzinationen? Maria klaute doch nicht einfach in meiner Anwesenheit in meiner Wohnung? Und plötzlich fiel mir ein, dass auch nach der Entbindung von Lukas schon Zimmerpflanzen gefehlt hatten, ja, genau, immer nach Besuchen von Maria! Was für Abgründe verbargen sich in der Frau? Sollte ich das meinem Mann erzählen? Sollte ich ihr die Freundschaft deshalb kündigen? Sollte es tatsächlich blumenkleptomanische Freundinnen geben?
Im Stress mit zwei Kleinkindern verdrängte ich das Gesehene einfach. Manchmal blitzte ein Gedanke daran auf, aber ich schob ihn einfach beiseite, so wie die ketzerische Idee, einfach ohne Kinder und Mann für vier Wochen auf eine Südseeinsel

zu verschwinden oder als erste Frau auf dem Mond berühmt zu werden. Das Leben mit einem Neugeborenen und einem Kleinkind ließ keinen Platz für den Tick einer Freundin.

Am zweiten Geburtstag von Eva klingelte Maria an der Wohnungstür.

»Alles Gute, Eva!«, rief Maria fröhlich und gab der Kleinen ein Geschenk. »Und für dich hab ich heute auch was«, fügte sie geheimnisvoll hinzu.

Maria zog nichts aus der Handtasche. Ich blickte sie fragend an.

»Komm schnell mit zum Auto«, forderte mich Maria auf.

Ich ging nach draußen und traute meinen Augen kaum. Im Anhänger standen jede Menge Pflanzen, an die ich mich dunkel erinnerte. Hatten diese Zimmerlinde, dieses Zyperngras und dieser Bambus nicht einmal bei uns in der Wohnung gestanden?

»Die hab ich dir einfach abgenommen und für dich gepflegt. Denn außer Kakteen überleben in einem Säuglingshaushalt fast nie Pflanzen.«

Ich starrte Maria wie eine heilige Maria an.

»Jetzt komm schon, pack an, tragen wir sie rein! … Ja, ich hab nach der Säuglingszeit einfach noch ein Jahr verlängert, hab doch gesehen, wie lange du nicht einmal mehr zum Haarewaschen oder Schminken gekommen bist. Ich glaub, du hast ja nicht einmal mitbekommen, dass ich dir die Pflanzen einfach abgenommen habe«, ergänzte Maria, während wir Topf für Topf in die Wohnung trugen.

»Nur die Zimmerlinde hab ich nicht durchgekriegt, ich hoffe, dein Herz hing nicht zu sehr an ihr!«

»Nein, gar nicht.«

Mein Herz hängt an Maria, einer wahren Mutterfreundin!

2.

HINZ UND KUNZ

● ○ ● ○ ● ○ ● ○ ●

Als mir neulich eine Bekannte ihr frischgebackenes Baby vorstellte mit den Worten: »Das ist Kevin«, rutschte mir heraus: »Oh Gott, der Arme! … Ich mein, ihr Armen … ich mein, ich hab gehört, wie schwer die Schwangerschaft war.« Uff, gerade noch einmal umgebogen. Was kommentiere ich auch Angelegenheiten, die mich nun wirklich nichts angehen! Denn so wie alle Eltern von der unglaublichen Schönheit ihrer Sprösslinge überzeugt sind, so glauben sie auch, den schönsten und besten Namen für ihr Kind ausgesucht zu haben.

Als ich mit dem Großen schwanger war, haben wir dicke Bücher gewälzt, um den wirklich genau passenden Namen zu suchen. Individuell sollte er sein, aber auch nicht zu exotisch. Viele Vokale sollten einen Wohlklang erzeugen, die Silbenanzahl harmonisch zum Nachnamen passen, möglichst positive Persönlichkeiten mit ihm in Verbindung gebracht werden, kein nahestehendes Kind schon mit dem Namen »belegt« sein, und auch an eine mögliche Verstümmelung durch dumme Spitznamen dachten wir. Ein Quirin schied demnach aus, weil wir unseren Sohn im Pausenhof schon als »Quirl« verspottet sahen. »Lion« hieß schon der Sohn meiner Schwester. »Jan« war uns zu kurz, »Maximilian« zu lang, »Arne« klang uns zu nordisch, »Leonardo« zu südlich. Und »Tim«, »Paul« und »Felix« schieden aus, weil nach der gefühlten Statistik gerade jeder zweite Junge so hieß. Denn ganz wichtig natürlich: Unser Sohn sollte nicht wie Hinz und Kunz heißen.

»Jakob« ging wiederum überhaupt nicht, weil mein Ex so hieß, »Daniel« war hingegen ein ehemaliger saublöder Mitschüler meines Mannes. »Franz Josef« hätte wunderbar in unsere bayerische Familientradition mit x Josefs und Franz' gepasst, aber solange die politischen Assoziationen noch ganz eindeutig mit einer Person verbunden waren, kam der Name auch nicht in Frage. Bei »Ali« wiederum stellte sich uns die Frage, warum wir einen türkischen Namen wählen sollten, wenn wir außer bei einem Gemüsehändler nichts mit dieser Kultur zu tun hatten. »Mert« klang uns hart, »Matteo« zu weich.

Mein Favorit war schließlich »Julian«, mein Mann wiederum versuchte, mich von »Anton« zu überzeugen. Um eine Entscheidung voranzutreiben, sahen wir nach, was vor genau hundert Jahren die beliebtesten männlichen Vornamen waren. »Hans« und »Walter« spuckte die Website aus. Nein, das war auch keine wirkliche Alternative. Ebenso wenig, wie im Verwandten- oder Freundeskreis herumzufragen, »findet ihr ›Anton‹ oder ›Julian‹ besser?« Zig andere Vorschläge kamen daraufhin. Und außerdem: WIR hatten doch wohl selbst genügend Geschmack und Feingefühl, um unserem Kind einen besonderen und zugleich nicht abwegigen Namen zu geben! Nein, nein, bloß keine Ratschläge auch noch von den werdenden Großeltern!

Tage- und nächtelang (erinnern Sie sich noch vage, mit was kinderlose Paare ihre Zeit vergeuden können?) riefen wir das halbe Internet zu Jungennamen auf. Mein Mann fand Statistiken, die belegten, dass »Kevin« oder »Jeremy« alleine wegen ihren Namen von Grundschullehrern schlechter benotet werden. Ich hielt Freundinnen schließlich ellenlange Vorträge über jeweilige Moden, nicht nur in der Kleidung, sondern auch bei der Namensgebung, und konnte die Hitlistenführer jedes einzelnen Jahres des 19. Jahrhunderts aufsagen.

Drei Tage vor dem errechneten Geburtstermin hatten wir immer noch keine Lösung. Aber an diesem Tag wurden wir vielleicht schon »geistige«, verantwortungsvolle Eltern. »Hauptsache, alles geht bei der Entbindung gut«, sagte ich. »Was bedeutet schon ein Name?«

»Wenn du und der Junge nur überleben, dann darf er auch gerne ›Julian‹ heißen«, gelobte mein Mann.

Und schließlich fand sich ganz nebenbei eine Lösung des plötzlich »nebensächlichsten« Problems der Welt. Wir würden ganz einfach nach einer – hoffentlich gesunden – Entbindung in das Gesicht des Kleinen blicken und danach entscheiden, ob nun »Julian« oder »Anton« besser passte.

Die Wehen waren scheußlich, die Entbindung kein Sonntagsausflug – aber das muss ich wohl nicht näher schildern. Ich brachte einen gesunden Jungen zur Welt, und ein kleiner Dammriss war danach nicht der Rede wert. Glückliche Eltern mit einem Neugeborenen. Den Säugling nur ansehen, ansehen, ansehen und nicht genug davon bekommen. Glückshormone bis zum Himmel hinauf und herunter und wieder hinauf.

»Und jetzt?«, fragte mein Mann am Tag drei nach der Entbindung. »Ich muss heute auf dem Standesamt einen Namen eintragen lassen.«

»Hm«, entgegnete ich, »ich weiß nicht, für mich sieht er weder nach ›Julian‹ noch nach ›Anton‹ aus.«

»Hm, ich weiß auch nicht«, meinte mein Mann.

»Weißt du, ich hab ihn letzte Nacht beim Stillen innerlich plötzlich einmal ›Lukas‹ genannt.«

»Wie kommst du denn darauf?«

»Keine Ahnung, einfach so.«

»Klingt eigentlich gar nicht schlecht – und passt irgendwie auch genau zu ihm.«

»Findest du?«

»Ja!«

»Wirklich? Aber wir haben das doch überhaupt nicht überlegt …«

»Intuitive Entscheidungen sind oft die besten. Weißt du was, Schatz? Wir nennen ihn Lukas, ich fahr jetzt gleich zum Standesamt.«

Intuitive Entscheidungen sind wirklich oft richtig, einen anderen Namen als Lukas kann ich mir für meinen Jungen überhaupt nicht mehr vorstellen. Dass Lukas dann der beliebteste Vorname des Jahres wurde und jeder kleine Hinz und Kunz so hieß – ganz egal!

3.

MAAAAMMMMMMAAAAAAAA!!!!!

● ○ ● ○ ● ○ ● ○ ●

Mit der Geburt des ersten Kindes wird man erstens Mama.

Und zweitens wieder Kind.

Nein, nicht weil man das innere Kind in sich plötzlich wieder-entdeckt (das auch, aber das ist ein anderes Kapitel), sondern ganz einfach, weil man als Mama wieder eine Mama braucht. Oder es zumindest ganz gut ist, wenn man eine »in der Rück-hand« hat. Im Notfall tut es natürlich auch der Großpapa oder die Schwiegermama – manchmal sind die sogar besser. Oder es gibt auch so was wie Adoptivmamas, die man sich netterweise selbst als Ersatzmama raussucht ... Hauptsache, sie – oder er – hat irgendwie schon mal ein Kind großgekriegt, das keine sichtbaren oder unsichtbaren Schäden abbekommen hat.

Das ist nämlich die einfachste Sache auf der Welt und gleich-zeitig die komplizierteste: ein Kind großzukriegen. Wach-sen tun sie ja Gott sei Dank von ganz alleine (nicht auszu-denken, wenn man die Kinder jeden Tag auch noch gießen müsste, ich hab nun echt keinen grünen Daumen, bei mir geht alles Grünzeug ein). Aber die Hege und Pflege kann einen schon ab und zu um den Verstand bringen.

Klar bin ich auch schon früher, als ich noch kein Kind hatte, mal zu meinen Eltern gefahren. Und klar habe ich mich innerhalb weniger Sekunden nach Betreten des Elternhauses zu meinem eigenen Entsetzen sofort wieder in ein Kind zurückverwandelt. Je nachdem in eine trotzige Dreijährige, in eine wilde Vierzehnjährige oder in eine supercoole Achtzehnjährige.

Unglaublich! Obwohl man, sagen wir mal, eine über dreißigjährige Marketing-Chefin mit Führungsverantwortung und einem satten fünfstelligen Jahresgehalt ist, wird man innerhalb von nur vierundzwanzig Stunden bei den Eltern alle Stadien der eigenen Kindheit noch mal im Schnelldurchlauf absolvieren.

Tja. Mir hat mal jemand gesagt, dass man, solange die Eltern noch leben, immer irgendwie Kind bleibt. Oder zumindest ab und zu noch irgendwie Kind sein kann. Ich glaube, da ist was dran.

Aber jetzt habe ich selbst ein Baby. Und bin damit plötzlich beides. Kind und Mutter.

Zu den eigenen Eltern zu fahren und selbst wieder zum Kind zu werden hat sich nie so gut angefühlt wie in dem Moment, in dem ich mein eigenes Kind mit zu ihnen gebracht habe.

Das eigene Kind abzugeben und sofort selbst zum Kind zu mutieren – das kann echt schön sein.

Außerdem kennt man die Macken der eigenen Mutter schließlich am allerbesten. Und das ist im Normalfall beruhigender als die Macken einer Tagesmutter, die man eben nicht so gut kennt.

Jede Mutter, die ihr Kind schon mal jemand Fremden anvertraut hat, weiß, dass das nicht immer so einfach ist. Und jede Mutter, die ihr Kind schon mal der eigenen Mutter anvertraut hat, weiß, das ist die einfachste Sache der Welt. Nie kann man so entspannt arbeiten oder sich amüsieren oder in Urlaub fahren, wie wenn der eigene Nachwuchs von den Großeltern betreut wird.

Nichts wird passieren, was einem nicht selbst schon passiert ist. Und irgendwie hat man das ja auch überlebt. Mehr Macken als man selbst wird das eigene Kind von der Betreuung durch die Großeltern wahrscheinlich nicht davontragen.

Die meisten von uns haben natürlich ganz klare Vorstellungen, was sie mit einem eigenen Kind anders machen würden als die eigenen Eltern. Zum Beispiel diese Dinge, unter denen sie selbst als Kind am meisten gelitten haben und die sich unauslöschlich als schlimmste Qualen in das Gehirn einer, sagen wir mal, damals Achtjährigen eingebrannt haben. Zweistündige sonntägliche Spaziergänge oder das Essenmüssen von Sauerbraten mit Schneebällchen – auch am Sonntag. Sonntag war früher offensichtlich eindeutig der »Kinder-Quäl-Tag«. Unter der Woche hatte man dazu einfach zu wenig Zeit.

Doch an den eigenen Eltern kann man feststellen, dass auch Eltern dazulernen können. Aber wahrscheinlich erst, wenn sie Enkelkinder betreuen. Denn dann machen Großeltern das oft ziemlich bis vollkommen anders, als sie es bei den eigenen Kindern gemacht haben.

Nichts mehr mit Strenge.

Nichts mehr mit Disziplin.

Nichts mehr mit Ordnung.

Bei den Großeltern wird in den meisten Fällen verwöhnt, was das Zeug hält. Da holen die eigenen Eltern das Elternsein nach, was sie sich damals bei einem selbst wahrscheinlich verkniffen haben. Fernsehgucken bis in die Puppen, Zoo und

Zirkus am besten jeden Tag und Süßigkeiten in rauhen Mengen.

Das Strengsein überlassen die Großeltern gerne ihren großen Kindern. Die können das ja. Schließlich wurde denen jahrelang gezeigt, wie das mit dem Strengsein so geht.

Ehrlich gesagt: Ich freu mich schon auf mein erstes Enkelkind. Ich werd das ja so was von verwöhnen. Und jetzt gibt's ganz sicher nicht schon wieder Süßigkeiten, Sophie.

4.

SPIEGLEIN, SPIEGLEIN

●○●○●○●○●

Spieglein, Spieglein an der Wand, wer ist die beste Mutter im ganzen Land?

Ihr, Frau Huber, seid die beste hier, aber Frau Schmidt hinter den Bergen, die mit den sieben Zwergen, die kocht viel besseren Bio-Brei als Ihr.

Spieglein, Spieglein an der Wand, wer ist die beste Mutter im ganzen Land?

Ihr, Frau Müller, seid die beste hier, aber Frau Maier hinter den Bergen, die mit den sieben Zwergen, die arbeitet nicht und hat viel mehr Zeit für ihre Kinder als Ihr.

Spieglein, Spieglein an der Wand, wer ist die beste Mutter im ganzen Land?

Frau Faller, Ihr seid die beste hier, aber Frau Schneider hinter den Bergen, die mit den sieben winzig kleinen Zwergen, die stillt ihre Kinder viel länger als Ihr.

Jede Mutter kennt das, und man kann kein Buch über Mütter schreiben, ohne auch das Thema »Mommy Wars« zu beackern.

Ja. Es ist leider so.

Ein Krieg tobt in diesem Land.

Berufstätige Mutter gegen Vollzeit-Mutter.

Bioladen-Mutter gegen Aldi-Mutter.

Homöopathie-Mutter gegen Sechser-Vollimpfung-Mutter.

Mütter beobachten andere Mütter mit Argusaugen, und außer im Büro wird wahrscheinlich nirgendwo so viel gelästert und verbal geschossen wie auf Spielplätzen.

Und nicht, dass ich persönlich davon frei wäre oder mich gänzlich da raushalten würde. Ich bin ja nicht die Schweiz.

Ich habe nur darüber nachgedacht, warum das so ist.

Warum ausgerechnet wir Mütter, die wir doch eigentlich alle im selben Boot sitzen und nun wirklich was Besseres zu tun hätten, als uns gegenseitig auch noch zu kritisieren und niederzumachen, warum wir genau das so oft tun.

Warum wir uns als Mutter in ständiger Vergleichs- und Konkurrenzsituation befinden. Schließlich sind wir ja nicht im Job. Oder vielleicht doch.

Menschen konkurrieren nun mal miteinander. Männer wie Frauen. Männer machen es nur etwas anders und auf anderen Ebenen. Frauen konkurrieren auf »ihrem« Gebiet. Und dazu gehören nun mal die Kinder. Mehr als bei den Männern, sonst wären wir ja nicht »alleinerziehend mit Mann«.

Ich kenne keinen Vater, der einen anderen Vater schräg anguckt, nur weil der mit seinem Sohn nicht so oft auf den Sportplatz geht wie er selbst. Das nur so nebenher.

Aber es ist doch so, die meisten Mütter – zumindest alle, die ich kenne, und das sind schon jede Menge –, also die meisten Mütter geben ihr Bestes für ihr Kind. Jede auf ihre Art und Weise.

Vielleicht hilft es uns, wenn wir uns eingestehen, dass wir als Mutter zwar unser Bestes geben und unser Bestes versuchen –

aber dass ab und zu Fehler und Scheitern im Leben einfach vorprogrammiert sind.

Und kann sich jemand noch an den alten Spruch erinnern, den ich in der Pupertät so gerne zitiert habe: »Sie wollen doch nur unser Bestes, aber das kriegen sie nicht.«

Das findet man nur witzig, solange man unter zwanzig ist und selbst noch keine Kinder hat.

Aber egal – irgendwie werden wir unsere Kinder schon schaukeln.

Ich fände es toll, wenn all die Energie, die wir da reinstecken, um andere Mütter zu be- und verurteilen, wenn wir diese Energie bündeln und uns um die wirklich wichtigen Dinge kümmern würden.

Ich fände es toll, eine Mama-Lobby zu gründen. Oder eine Mütter-Partei.

Solange es nämlich Kinder auf dieser Welt gibt, die verhungern, die kein sauberes Wasser haben, die nicht in die Schule gehen können oder die zur Prostitution gezwungen werden, solange ist es mir persönlich und als Mutter scheißegal, ob eine andere Mutter stillt oder nicht. Ob sie bio kauft oder nicht. Oder ob sie arbeitet oder nicht.

Das sind alles Kleinigkeiten. Auch wenn sie von den Medien oft aufgebauscht werden. Aber es sind Unwichtigkeiten, die uns als Mütter davon abhalten, uns in unserer knapp bemessenen Zeit wirklich wichtigen Dingen zuzuwenden. Den Kindern zum Beispiel – egal, ob den eigenen oder den anderen, für die sich die Frage nach einer Impfung gar nicht stellt, da es dort, wo sie leben, gar keine Impfstoffe gibt.

Also, Mamas, kämpfen wir, entfachen wir einen echten »Mommy-War« – aber bitte an der richtigen Stelle.

5.

STILL ODER STIRB

● ○ ● ○ ● ○ ● ○ ●

Noch vor dreihundert Jahren galt als gesichert, dass die Rothaarige von nebenan eine Hexe ist. Vor zweihundert Jahren war glasklar, dass es einen lieben Gott gibt, der die oberen und unteren Stände geschaffen hatte und wollte, dass das Weib dem Manne untertan sei. Vor gut hundert Jahren empfahl ein Erziehungsbuch: »Verwenden Sie beim Schlagen der Kinder einen Holzstock. Auch wenn es Ihnen schwerfällt, seien Sie nicht zimperlich. Nur wenn die Kinder ihre Strafe auch spüren, werden sie einsichtig.« Für sämtliche »Wahrheiten« wurden Belege beschafft oder auch nach strengsten wissenschaftlichen Kriterien der jeweiligen Zeit exakte Beweise erbracht. Nur eine klitzekleine Minderheit hinterfragte die jeweiligen Dogmen – bis eine neue Ära und ein paar mutige Geister die »völlig gesicherten Erkenntnisse« auf den Kopf stellten.

Heute lassen sich manche Frauen die Haare rot färben, meist geht nur noch die Oma in die Kirche, und prügelnde Erwachsene verstoßen gegen das Gesetz. Sollte unsere Zeit so reif sein, dass wir nur wissenschaftlich wirklich gesicherten Erkenntnissen folgen? Wissenschaftsphilosophen wie Paul Feyerabend bestreiten das. Auch wir unterliegen Moden und *glauben* viel mehr als wir *wissen*.

Aber welchen Irrtümern unterliegen wir? Das wird vermutlich erst eine spätere Generation im Rückblick feststellen können. Welche Dogmen allerdings in unseren Alltag hineinspielen, lässt sich auch jetzt schon leicht erkennen – es herrscht in bestimmten Kreisen Einigkeit über gewisse Themen, und würde jemand daran zweifeln, jaulte man auf oder schlösse den Zweifler aus der Gemeinschaft aus.

Stellen Sie sich bloß einmal vor, auf einer Kreativen-Schick-Italienbüfett-Altbau-Ein-bis-zwei-Kinder-Familien-Fete sagt jemand: »Der ganz Klimawandel findet doch gar nicht statt, das ist doch nur behauptet.« Die Männer würden einen tiefen Schluck vom Toskana-Wein nehmen und bestenfalls heftig mit Sepp – nennen wir ihn einmal so – debattieren, wie er zu dieser Ansicht käme. Wir Frauen würden den Kopf schütteln und uns fragen, ob Sepp bei einer Sekte gelandet ist. Warum sonst vermeiden wir Autofahrten, trennen den Müll und verkneifen uns immer öfter, Fleisch zu essen?

Oder Sepp würde gar behaupten, unser deutsches Fernsehprogramm sei exzellent. »Genau«, würde der Mittvierziger-Gastgeber Sepps These ironisch zustimmen, »und die Erde ist eine Scheibe.«

Wir würden uns denken, der Sepp hatte halt schon immer einen Hang zum Kuriosen, und uns überlegen, ob wir ihn das nächste Mal wirklich zu unserer Party einladen. Wäre der Sepp nicht besser in einer verqualmten Proll-Kneipe mit Profialkoholikern aufgehoben? Selbst wenn wir am nächsten Tag in der Tageszeitung läsen, dass der Anteil am menschengemachten Klimawandel tatsächlich in Fachkreisen umstritten ist und das Fernsehprogramm gestern exzellent war, würde Sepp – sagen wir es mal so – nicht ganz so gut zu uns passen.

Was nun uns Mütter betrifft, so gibt es dazu auch jede Menge Dogmen. Zum Beispiel: Jede Mutter liebt das Kind gleich nach der Entbindung. Dabei leiden rund fünfzehn Prozent der Frauen nach der Geburt eines Kindes unter schwerer Wochenbettdepression und wünschen sich, der schreiende Balg wäre endlich still oder noch besser: wieder weg. Eine Nähe zum Kind will sich einfach nicht einstellen – und die Frauen leiden Höllenqualen, weil sie überzeugt sind, mit ihnen stimme etwas nicht. Bei jedem Anblick des Babys sehen sie sich selbst bloß als Versagerin, Versagerin, Versagerin.

Eine andere wissenschaftliche Wahrheit heutzutage lautet: Muttermilch ist das Beste für das Kind. Keine Fertignahrung kann die gesundheitlichen, emotionalen und hunderttausend anderen Vorteile des Stillens übertreffen. Debattiert wird zwar bisweilen über die Stilldauer (»Ein halbes Jahr ist echt genug, die Kuh vom Nachbarhaus stillt ihren Achtjährigen noch!«), doch die Brust zu geben ist an sich über jeden irdischen Zweifel erhaben. Und diese Wahrheit haben wir nicht mit der Muttermilch aufgesogen, denn unseren Müttern beziehungsweise Großmüttern wurde noch gepredigt, dass Flaschennahrung ja viel, viel besser für die Säuglinge sei.

Ich habe meine beiden Kinder gestillt, etwa sechs Monate jeweils, ich erinnere mich nicht mehr genau. Es lief völlig problemlos, ohne entzündete Brustwarzen, zu wenig Milch oder sonstige Hindernisse. Ich fand es praktischer, als ständig ein Fläschchen mit Wärmer rumzuschleppen – und billiger war es obendrein. Stillen – nun ja, ist halt gut so, dachte ich bis vor kurzem ohne jedwede weitere Überlegung, bis neulich meine Kollegin Ines aus der Babypause in unsere Redaktion zurückkehrte.

Nach zehnmonatiger Elternzeit tauchte Ines wieder am Schreibtisch schräg gegenüber auf. Glückwünsche, Begrüßungskaffee, Informationen über die wichtigsten inhaltlichen und personellen Neuerungen – und natürlich noch kleiner Klatsch und Tratsch am Rande.

»Bin ich froh, wieder im Büro zu sein!«, gestand Ines. »Gegen Baby rund um die Uhr ist das ein Kinderspiel.«

Ich nickte. Klar. Welche Mutter kennt die Büroerholung nicht. Nur eine einzige Aufgabe auf einmal ist zu bewältigen. (Also im Prinzip, denn manchmal neigen die Kinder auch zum Kranksein während unserer Arbeitszeit, und dann gibt es plötzlich doch wieder sieben Dinge gleichzeitig zu managen: Job fertig machen, Arzttermine, Abholzeiten organisieren, zweites Kind zur Freundin verschiffen etc.)

Ines blühte mitsamt ihren Augenringen auch bald wieder etwas auf. Die Kleidung wurde zunehmend schicker, die Blicke zur Uhr weniger ängstlich, und wie jede Mutter arbeitete sie bald so effizient, dass der Teilzeitjob der Mutter fast zwei Männerstellen ersetzte.

Doch etwas machte mich stutzig. Nachdem Ines die laufenden Geschäfte perfekt und genau wie immer erledigt hatte, klemmte sie sich an den Computer und durfte nicht mehr gestört werden: Sie sitze an einer »ganz großen Geschichte«.

Nach vier Wochen fragte ich mal nach, worum es denn ungefähr ginge.

»Um den Terror der WHO«, antwortete Ines abwesend mit Blick in den Rechner.

»WHO?«, fragte ich und überlegte. »Meinst du die Weltgesundheitsorganisation?«

Ines nickte abwesend, ein schneller Blick zur Uhr. »Ich muss gleich los, Jana abholen, bitte stör nicht mehr, ich muss heute noch was rausfinden.«

Klar, Zeitnot versteht jede Mutter. Erst zwei Wochen später wagte ich wieder einen Vorstoß. Gleiches Szenario: Ines in den Rechner vertieft, ich frage nach: »Und um was geht es denn bei dieser WHO-Geschichte genau?«

»Um den Stillterror«, antwortet Ines lakonisch und schaut mich dabei gar nicht an.

Was meint sie damit? Stille für Menschen, die sich notorisch über Kinderlärm beschweren? Erst einen Tag später verstehe ich, dass sie damit wohl das Stillen meinte und nicht die Stille.

Dieses Mal warte ich nicht länger mit meiner Frage, sondern fange Ines am nächsten Tag gleich in der Früh ab. »Sag mal, kannst du mir nicht näher sagen, was das mit diesem ›Stillterror‹ und der Geschichte, an der du dran bist, auf sich hat? Ich bin da echt neugierig!«

»Hast du gestillt?«, fragt Ines.

Ich nicke. »Ja, warum?«

»Dann verstehst du gar nicht, was da abgeht, wenn frau es nicht tut.«

»Aha. Dann erklär es mir!«

»Ich brauch noch Fakten, warte noch ein wenig.«

»Komm schon. Du musst doch sagen können, um was es überhaupt geht. Sonst kannst du die Geschichte eh nicht schreiben!«

Ines sieht mich fragend an. Es arbeitet in ihr. »Okay, du hast recht.«

Wir sagen dem Chef, dass wir zum Brainstorming in ein Café um die Ecke gehen – und so ganz gelogen ist das ja auch nicht.

»Also, schieß los!«, fordere ich Ines auf.

Ines zögert. »Ich weiß eigentlich gar nicht, wo ich anfangen soll!«

»Mit dem Anfang vielleicht?«, scherze ich.

Ines lacht nicht. Es arbeitet in ihr. Dann schießt sie los. Ohne Punkt und Komma. Ohne Halt. Nur mit Wut.

Eigentlich habe sie von Anfang an gezweifelt, ob sie nun stillen solle oder nicht. Doch als sie der Krankenhaushebamme ihre Bedenken offen mitteilte, habe diese sie entsetzt angesehen und gemeint: »Wissen Sie denn überhaupt, was Sie tun?« Und weiter: »Wissen Sie denn, was Sie mit der Flasche an irreparablen Schäden an Ihrem Kind anrichten? Wissen Sie denn, dass Sie nie wieder eine so enge Bindung zu Ihrem Kind aufbauen können?«

Ines warf daraufhin die zwei Tabletten, die den Milcheinschuss verhindern sollten, in den nächsten Mülleimer und gab ihrer Jana die Brust. Jana brüllte, die Brust gab keine Milch, Ines versuchte es erneut. Die Brustwarzen entzündeten sich von den vergeblichen Versuchen, Ines geriet in den Teufelskreis: »Füttere ich zu oder verhindere ich damit das Stillen?« Irgendwann, so Ines, waren ihr das Theater und der Druck zu groß – sie stillte einfach nach vier Wochen nicht mehr. Daraufhin, so Ines, könne sich kein Mensch vorstellen, wie man beziehungsweise frau sie auf der Straße angesehen habe. Mit jedem Fläschchen habe man ihr vorgeworfen, eine Rabenmutter erster Güte zu sein, eine verantwortungslose Egomanin, ähnlich einer neuartigen Nutte, die sich nicht um das Minimum einer Grundversorgung ihrer Tochter kümmere. Deshalb, so Ines, habe sie in den lichten Stunden zwischen

Schlafmangel und Babybespaßung begonnen, der Sache nachzugehen, und sei auf die WHO gestoßen, die Weltgesundheitsorganisation, einer ganz großen »Verbrecherorganisation«. Die habe – mit Millionen von Euros ausgestattet – Kampagnen gestartet, in denen das Stillen als Ultima Ratio propagiert werde. Die WHO habe zudem durchgesetzt, dass keinerlei Werbung mehr für Fertignahrung gemacht werden dürfe, und damit dem Verbraucher einfach Informationen vorenthalten, die doch für jede Frau, die aus welchen Gründen auch immer nicht stillen wolle, so existenziell seien. Die WHO sei einfach eine undemokratische Organisation, unglaublich verfilzt mit der Pharmalobby, dagegen sei die Tabaklobby in ihrer Agonie ein Dreck. Und dieser Sache ginge sie nach, daran habe sie sich festgebissen, denn unserer Gesellschaft drohe mittlerweile eine Gesundheitsdiktatur ohnegleichen. Ob ich das noch nicht gemerkt habe? Dafür opfere sie jede freie Minute, die man sich als Mutter so aus den Rippen schneiden könne. Und irgendwann würde sie den endgültigen Beweis dafür liefern, darauf arbeite sie jetzt hin.

Ich wünsche Ines viel Erfolg bei ihrer weiteren Recherche, unserem Blatt würde der Ruhm guttun. Aber ob ich sie auf die nächste Party einladen werde? Ich weiß nicht.

6.

TASCHENSPIELERTRICKS

●○●○●○●○●

Mittlerweile kann ich jede Frau, die in einem anderen – also ihrem wirklichen – Leben auch noch berufstätige Mutter ist, innerhalb von Sekunden als solche identifizieren. Ich habe schon überlegt, ob ich nicht der Kripo meine Dienste anbiete und die berühmtesten Profiler zu unendlicher Bewunderung zwinge. »Wie konnten Sie das ohne Personendaten und Beschattung in dieser Geschwindigkeit in Erfahrung bringen? An Ihnen ist ein kriminalistisches Genie verloren gegangen!« Aber der uns Müttern eigene Realitätssinn zwang mich dazu, diesen Gedanken wieder zu verwerfen – Mütter an sich sind ja keine Verbrecher (wenn auch bestimmt jede von uns schon in ihrer Phantasie eine Lehrerin ermordet hat, aber dazu in einem anderen Kapitel). Frauen begehen ganz allgemein viel weniger Gewaltverbrechen als Männer, laut Statistik sind in Deutschland beispielsweise fünfundachtzig Prozent der eines Mordes Verdächtigen männlich, bei Totschlag sind es achtundachtzig Prozent. In der Kriminalstatistik übertreffen uns übrigens die Männer auch bei jedem anderen Delikt, abgesehen von einer einzigen Ausnahme: dem Ladendiebstahl.

So hänge ich meine phantastische Profiler-Karriere schnell wieder an den Tagträume-Nagel und begnüge mich mit der Verfeinerung und Verifizierung meines unnützen Wissens. Oder führt Deutschland womöglich einmal eine Null-Kind-Politik ein, vergleichbar der chinesischen Ein-Kind-Politik? Schlägt dann von einem Tag auf den anderen doch plötzlich meine große Stunde, weil ich jede Frau, die doch heimlich Mutter wurde, sofort erkennen kann und sie ihres Verbrechens überführe?

Ach was, ich gebe es zu, ich brauche einfach manchmal diese Tagträume von einer hollywoodtauglichen Karriere, um den Alltag zwischen Bürostress, Familienalltag und Elterngesprächen zu überleben. Manchmal gehe ich sogar noch einen Schritt weiter und behaupte: Jeder James Bond ist nur ein müder Abklatsch dessen, was ich tagtäglich als berufstätige Mutter leiste, aber eben nur im Verborgenen, und ist deshalb in der steten Wiederholung auch für eine dramatische Umsetzung wenig tauglich. Frau stelle sich einmal vor, ein James Bond müsste eine Nacht mit Baby durchmachen, statt mit der Schönen an der Seite. James müsste sich – bevor er auf Killerjagd geht – überlegen, was er heute kocht und auch noch rechtzeitig vorher einkaufen. Er müsste seinen gewagten Sprung aus dem Hubschrauber unterbrechen (»Sorry, jetzt macht der Kindergarten zu, ich muss sofort los!«), und er müsste in der wohlverdienten Pause am Pool auf Mauritius alle fünf Sekunden Streit unter den Kindern schlichten:

»Du hast mir zuerst die Schaufel weggenommen!«

»Nein, du!«

»Nein, du!«

»Neeeeein, du!«

Dazu würde ein Partner wenig erotisch raunen: »Kannst du nicht endlich mal für Ruhe sorgen?«

Ich schwöre, nach zehn Tagen gäbe er entnervt auf – aber wir Mütter stehen das zehn Jahre und oft auch noch beträchtlich länger durch. Vielleicht wäre das überhaupt *die* Idee für einen Hollywood-Produzenten, einfach einmal den ganz normalen Tag einer berufstätigen Mutter auf die Leinwand zu bringen? Ich würde als Hauptdarstellerin, die später einen Oscar in Empfang nimmt, gerne zur Verfügung stehen … Aber da sind sie schon wieder, diese Tagträume, jetzt gebt doch endlich einmal eine Ruhe, ihr Phantastereien! Ich wollte doch von ganz banalen Beobachtungen berichten, das heißt eigentlich ganz außergewöhnlichen Beobachtungen, die nur noch nicht gebührend gewürdigt wurden …

Hiermit zwinge ich mich zur neutralen Begründung der eingangs aufgestellten These: »Mittlerweile kann ich jede Frau, die in einem anderen – also ihrem wirklichen – Leben auch noch berufstätige Mutter ist, innerhalb von Sekunden als solche identifizieren.«

Manche Verhaltensweisen entlarven berufstätige Mütter sofort und sind sicher jeder Leserin auch schon begegnet: Indirekt proportional zum Alter der Kinder steigt die Geschwindigkeit bei Alltagserledigungen. (Wer Probleme mit »indirekt proportional« hat – Sie werden diese mathematische Funktion mit Ihrem Kind in der achten Klasse wieder lernen! Oder haben Sie das Pech, zu den null Komma eins Prozent der Mütter zu gehören, deren Mann mit den Kindern Schulstoff erarbeitet?)

Mütter hetzen demnach – je kleiner die Kinder sind, desto schneller – durch Kaufhäuser und Lebensmittelläden. Sie eilen mit der gefühlt doppelten Geschwindigkeit kinderloser Frauen durch die Gänge unserer Büros. Sie bezahlen sofort einen Strafzettel in bar und denken noch nicht einmal an Ein-

oder Widerspruch, weil dafür weder im Terminkalender noch im Kopf ein Miniplätzchen wäre. Mütter, so hat mir neulich ein Streifenpolizist erzählt – und jetzt sehen Sie, dass ich nicht mehr in der Phantasiewelt der Profiler bin, sondern im realen Leben –, würden auch in Wohngebieten gerne Geschwindigkeitsbegrenzungen überschreiten, weil sie es meist supereilig haben, die Kinder noch in Kita oder Schule zu bringen, ehe sie zur Arbeit sausen.

Mütter sind auch daran zu erkennen, dass sie modisch entweder komplett verkommen und mit Schlabberhosen und Spuckflecken draußen auftauchen – oder im Gegenteil ganz besonderen Wert auf ein modisches Auftreten legen und stets geschminkt oder gestylt im Straßenbild zu sehen sind. Meine Freundin Anke ließ sich kurz nach der Entbindung vom dritten Kind ein Permanent-Make-up zeichnen und machte den Donnerstagmittag zur »heure fixe«, um sich neue Klamotten zu kaufen: »Ich will doch nicht gleich auf der Straße schon als Mutter auffallen, die keine Zeit mehr für sich und ihr Äußeres hat!« Seit die Kinder außer Haus sind, läuft Anke wieder ganz entspannt mit Jogginghosen rum – sie muss offenbar nicht mehr zeigen, dass sie *keine* Mutter ist.

Ein dritter Punkt kennzeichnet Mütter: ihr Pragmatismus. Schreibt man sich Mails oder SMS mit kinderlosen Freundinnen, um sich mit ihnen zu verabreden, nimmt das Ganze meist zehnmal so viel Zeit und Zeichen in Anspruch wie Dates mit anderen Müttern. Während ich bei Anke schreibe: »Geht Do 12 U Pizzeria?«, sie antwortet: »Nein, Fr 19 Uhr, vorher Job.«, und ich danach nur noch mit »ok« bestätige, treiben mich Verabredungen mit der kinderlosen Hanna fast zur Sehnenscheidenentzündung, wenn ich ihre SMS (inklusive Fortsetzungen) beantworten soll: »Es tut mir sehr leid, aber am Donnerstag um 12 Uhr muss ich mich auf ein Meeting vorbereiten. Du kannst dir gar nicht vorstellen, was mein Boss gerade alles für seltsame Pläne hat. Und den Besuch im Reisebüro kann ich auch nur in den Donnerstag packen (du erinnerst dich, wir wollen nächstes Jahr nach New York). Dazu kommt noch, dass wir immer noch nach der Kuckucksuhr für die Küche suchen, das wird eine never-ending story, wenn ich das nicht endlich angehe. Schreib mir doch bitte deine Meinung zu folgenden Terminvorschlägen, wir werden schon noch zusammenkommen …«

Manchmal erkennen wir Mütter uns auch einfach nur an den Augenringen. Oder beim heimlichen Blick auf die Uhr, wenn ein Meeting nach 16 Uhr einfach nicht enden will. Oder an den Oberarmmuskeln, die wir beim Schleppen der Kinder und der ganzen Milchtüten entwickelt haben – weshalb man uns selten im Fitnessstudio antrifft. Wir wittern unseresgleichen bisweilen auch beim Genuss von Stille – etwa, wenn eine von uns in einem stark frequentierten Café völlig in ein Buch versunken dasitzt. Oder auch am Augenverdrehen, wenn eine Oma auf der Straße schon wieder behauptet: »Genieß die Zeit mit Kind, sie vergeht so schnell!«
Wofür ich aber einmal den Nobelpreis in Kriminologie erhalten möchte, ist folgende Beobachtung: Mütter haben wesentlich größere Handtaschen als kinderlose Frauen. Denn wir tragen nicht nur Lippenstift, Handy und Hausschlüssel bei uns, sondern auch einen Notfallkoffer. Pflaster finden sich darin ebenso wie Rätselspielzeug zur Notbespaßung im Stau. In unseren Taschen haben Babyflaschen und kleine Bilderbücher Platz. Auch eine Einkaufstasche aus Jute gehört zum ständigen Inventar *in* der Handtasche, denn sollte ein Mee-

ting mal früher enden als gedacht, kaufen wir spontan noch ein. Tempotaschentücher und der Geldbeutel – selbstverständlich. In einem entlegenen Fach stecken mindestens ein Lippenstift und ein Tampon – für alle Fälle. Bei mir finden sich auch noch Erfrischungstücher (Kind beim Eisessen), eine Nagelfeile und ein kleines Taschenmesser (Kind will Pistazien, wie kriegt man die Packung auf?). An hoffnungsvollen Tagen verstaue ich ein belletristisches Buch darin, an schlechten Tagen eine Broschüre von der Mütterberatung (»Wie Sie sich fair trennen«).

Hat man in früheren Zeiten aus der Vogelschau seine Schlüsse gezogen, so kann man in heutiger Zeit aus einer Frauenhandtasche deuten, ob sie einer Mutter gehört oder nicht. Größe entscheidet! Männer *glauben* das nur. Wir *wissen es*. Und deshalb werde ich noch einmal ganz berühmt als Profiler in Hollywood. Oder vielleicht als erste Frau, die feststellte, dass auch Mütter manchmal nur mit Hilfe ihrer blühenden Phantasie überleben können.

7.

MUTTER (W) ODER
VATER (M) GESUCHT

● ○ ● ○ ● ○ ● ○ ●

Das Unternehmen:
Das Unternehmen Familie gehört zu den führenden und
erfolgreichsten weltweit und kann auf eine jahrtausende-
alte Tradition zurückblicken. In jedem Kulturkreis und auf
jedem Kontinent haben wir Tochterfirmen, insgesamt sind
bei uns Millionen von Mitarbeitern beschäftigt, täglich stel-
len wir neue ein und suchen aktuell eine Vielzahl neuer
Mitarbeiter, gerade in Deutschland. Um den Fortbestand
der Deutschen zu gewährleisten, haben wir vor, in naher
Zukunft – spätestens bis 2058 – Ihnen auch eine ausgezeich-
nete externe Kinderbetreuung zu bieten. Für den Aufbau
sowie die Weiterentwicklung des Unternehmens Familie
suchen wir ständig Persönlichkeiten, die sich den mannig-
faltigen Herausforderungen des Lebens mit Kind / Kindern
stellen wollen.

Ihr Anforderungsprofil:

Um diese anspruchsvolle Aufgabe erfolgreich ausfüllen zu können, verfügen Sie idealerweise über ein abgeschlossenes Pädagogik-Studium oder eine vergleichbare Ausbildung als Erzieher oder Lehrer. Eine halbwegs gut überstandene eigene Kindheit wird gleichrangig behandelt. Sie bringen viel Erfahrung in den Bereichen Einkauf, Controlling, Personalmanagement, Materialwirtschaft und Logistik mit. Strategisches Denkvermögen sowie eine selbständige, strukturierte und zielorientierte Arbeitsweise sind von Vorteil. Grundlegende Kenntnisse im Bereich Ordnungsmanagement und Rechnungsstellung werden vorausgesetzt.

Sie sind flexibel und mobil (eigenes Auto und Führerschein der Klasse drei werden vor allem im Winter bevorzugt – in Ausnahmefällen kann das durch entsprechende Wadenmuskulatur und ein Fahrrad mit Hänger oder öffentliche Verkehrsmittel ersetzt werden). Außerdem besitzen Sie die Fähigkeit, schnelle und verlässliche Entscheidungen zu treffen sowie eine (besonders bei Dreijährigen und Teenagern sehr gefragte) ausgeprägte Kommunikationsfähigkeit, Kooperationsbereitschaft und Durchsetzungsvermögen. Sie beherrschen Englisch, Französisch und Latein fließend in Wort und Schrift.

Ihr Aufgabenfeld:
- *Aufzucht und Coaching des Nachwuchses*
- *Verantwortung für deren schutzrechtliche Absicherung*
- *starke Führung des Teams auch in Rezessions-Zeiten*
- *Tätigkeit als Trainer und Moderator*
- *Koordination verschiedenster Bedürfnisse und Terminpläne*

- *Transfer von Know-how bei Schulaufgaben bzw. Klassen-arbeiten (grundlegende Kenntnisse in Mathe und Deutsch von Vorteil, gerne auch ein abgeschlossenes Studium Generale)*
- *Konzeption und Durchführung von Beurteilungsverfahren*
- *Begleitung von Change-Prozessen, längere Arbeitszeiten ohne Überstundenausgleich verpflichtend gerade in den ersten Monaten und während der sogenannten Pubertät*
- *Implementierung komplexer Denkdesigns*
- *Sicherstellung der Weiterentwicklung Ihrer Schutzbefohlenen bis zur vollständigen Selbständigkeit*

Unternehmerisches Denken, Erfahrung in Reisetätigkeit sowie Freude am Umgang mit Kindern sind für Sie selbstverständlich. Wir erwarten überdurchschnittliches Engagement für Ihr neues Aufgabengebiet. Als Mutter sollten Sie nach Möglichkeit Ihr fünfundvierzigstes Lebensjahr noch nicht überschritten haben, als Vater ist Ihr Einstiegsalter nicht relevant. Sie arbeiten 24/7 bei fast null Urlaubstagen im Jahr. Überstunden sind mit dem Gehalt abgegolten. Ihre Gehaltsvorstellungen sollten ein Minus von 120 000 Euro bis zum achtzehnten Lebensjahr des ersten Kindes nicht übersteigen.

Aussagefähige Bewerbungen – gerne auch online – richten Sie bitte direkt an den lieben Gott oder an die nächstgelegene Fertilitätsklinik.

8.

IM KREUZVERHÖR

● ○ ● ○ ● ○ ● ○ ●

Für Mütter wurde eine ganz neue Form von Gerichtsshow erfunden. Sie läuft täglich vor unseren inneren Kulissen mit den immer gleichen Darstellern. Ein strenger Richter in dunkler Robe sitzt auf einem erhöhten Podest, eine junge (kinderlose) Staatsanwältin liest eifrig die Anklageschrift, und als Nebenkläger treten wahlweise mein Mann, meine Mutter, meine Schwiegermutter, mein Chef und eine Tante vom Jugendamt als Vertreterin meiner Kinder auf.

»Diese Rabenmutter hat heute bis neun Uhr geschlafen und ihre Kinder vor Computerspielen verwahrlosen lassen!«, erklärt die Jugendamtsfrau am Sonntag.

»Und gestern«, so ergänzt meine Schwiegermutter, »da hat sie behauptet, die Wohnung zu putzen, während mein Sohn mit den Kindern auf dem Spielplatz war! Aber was hat Madame gemacht? Gerade mal das Wohnzimmer aufgeräumt und dann eine halbe Stunde ihren Freundinnen auf Facebook geschrieben. Und dann macht sie meinem Sohn auch noch Vorwürfe, dass er so wenig im Haushalt tut!«

»Lass mal, Mama«, besänftigt mein Mann, »ist doch nicht so wichtig, wie die Wohnung aussieht. Aber dass sie die ganze letzte Woche schon um zehn Uhr ins Bett ist, weil sie angeblich so müde war, das macht was aus. Was ist denn das für eine Ehe, in der man nur noch in astronomischen Zeitdimensionen Sex hat?!«

Ich stöhne auf. Muss hier jedes intime Detail meines Lebens verhandelt werden? »Das geht zu weit!«, rufe ich.

»Still!«, ermahnt mich der Richter. »Wir sind hier nicht bei einer Diskussion in einer Elternini, sondern vor einem hohen Gericht. Wir suchen die Wahrheit und werden danach richten. Jedes noch so unwichtige Detail zählt.«

»Dann füge ich gleich noch hinzu, dass sie vorgestern mit den Kindern auch nicht Mathe geübt hat, obwohl eine Probe ansteht«, sagt die Jugendamtstussi mit einem triumphierenden Blick auf mich. »Genau die gleiche Ausrede – sie sei zu müde und erschöpft.«

»Kind, Kind!« Meine Mutter bricht in Tränen aus. »Warum hast du überhaupt eine Familie gegründet, wenn du deine Pflichten nicht erfüllen kannst?! Haben wir dich so schlecht erzogen, oder liegt das immer noch an der Clique, in die du damals mit fünfzehn geraten bist? Das waren ja ganz üble Kreise, ich hab es geahnt und es dir damals schon gesagt, aber du wolltest ja nicht auf mich hören!«

»Nach dem, was hier schon aufgeführt worden ist, wundert mich nichts mehr.« Mein Chef versucht, gelassen zu bleiben, aber die Aussagen haben ihm offenbar die Augen über mich geöffnet. »Sie bemüht sich ja sehr, ihren Job gut zu erfüllen, und macht auch Überstunden. Aber nie steigert sie sich wirklich in eine Aufgabe rein, also mit einer Leidenschaft, wie es unsere Branche eigentlich erfordert. Angeblich liegt es an der Familie, die sie auch noch zu managen hat. Klar, ohne Familie geht es einfacher, aber ich meine: Wer wirklich gut arbeiten will, kann auch gut arbeiten, ob mit oder ohne Kinder. Ich mein, die Kinder sind doch eh so oft krank, da kann sie sich ja auch irgendwo daheim erholen und hat ein paar versteckte Urlaubstage extra, die wir Arbeitgeber nach bestehenden Gesetzen bezahlen müssen.«

Ich schreie auf. »Nein, alles, was recht ist, wissen Sie denn überhaupt, was kranke Kinder bedeuten? Nur sekundenweise in der Nacht schlafen …«

»Na, dann könnten wir doch endlich einmal in der Nacht …«, unterbricht mich mein Mann süffisant grinsend.

»Ruhe!« Der Richter klopft mit einem Hämmerchen auf sein Pult.

»Ich fasse zusammen«, sagt die Staatsanwältin, steht auf, wandert im Gerichtssaal auf und ab, sieht abwechselnd dem Richter, den Nebenklägern und mir in die Augen. »Unsere Angeklagte ist ein verkommenes Subjekt, das auf allen Hochzeiten gleichzeitig tanzen will, wie ein Junkie, der seine Drogen nimmt und zugleich eine bürgerliche Existenz führen will. So geht das nicht. Das ist höchst verwerflich.«

Ich bin den Tränen nahe. Ja, die Anklage hat recht. Ich möchte allem gerecht werden und schaffe es nicht, ich versage auf allen Gebieten. Es ist ein Elend, ich bin ein Elend, nur noch ein einziges Häufchen Elend.

Es klopft an die Tür des Verhandlungszimmers. Meine Freundin Anna tritt in schickem Kostüm selbstbewusst herein und sagt, das sei ja nicht mehr mit anzusehen, draußen bei der Übertragung habe sie alles genau verfolgt. Anna fragt nicht lange, sie stellt sich einfach selbstbewusst, jegliches Protokoll missachtend, vor den Richter.

»Ja, habt ihr sie denn noch alle?!«, provoziert Anna. »Warum werden hier nur die Defizite verhandelt und nicht die ganz alltäglichen Dinge, die jede Mutter jeden Tag leistet?«

Es klingelt, ich schrecke hoch. Ah, schon halb neun, ich war kurz auf dem Sofa eingenickt. Meine Freundin Anna, eine Anwältin, die ich schon ewig nicht mehr getroffen habe, steht an der Tür, um mich zu einem Weiberabend abzuholen.

»Stell dir vor«, sagt Anna, »neulich hab ich von dir geträumt. Du hast mich verteidigt in einem Prozess à la ›Und täglich grüßt die Mutter-Gerichtsverhandlung‹. Du warst die Einzige, die nicht meine ganzen Defizite zitiert hat, sondern meine Stärken!«

Eine Mutter braucht offenbar vor allem eins, etwas, das sie gerne vergisst: gute Freundinnen.

9.

SIE & ER & SMS-VERKEHR

● ○ ● ○ ● ○ ● ○

Britta und Emil, die Nachbarn, haben zwei Kinder.
Neulich traf ich Britta im Treppenhaus, wir klagten über
den unzuverlässigen Zeitungszusteller, schüttelten gemeinsam den Kopf über den Kindergarten drei Straßen weiter, der
wegen Kakerlaken schließen musste, und lobten den guten
Hausmeister. Irgendwann kam das Gespräch auch auf Kinder
und Familienplanung. Nein, wir würden keinen weiteren
Nachwuchs mehr haben, sagte ich. Ewig hätten mein Mann
und ich darüber gesprochen, aber irgendwann sei es auch mal
gut gewesen, und wir beendeten die Diskussion mit dem
Ergebnis, wieder zu verhüten.

Bei ihnen, so Britta, sei das ganz einfach, ganz anders abgelau-
fen. Irgendwann einmal habe sie ihren Mann einkaufen ge-
schickt, selbstverständlich mit Einkaufszettel samt genauer
Mengenangaben, denn sonst brächten Männer ja nur Groß-
packungen oder nutzlose Beikauf-Dinge wie elektrische
Käseschäler mit.
Auf diesen Einkaufszettel habe sie geschrieben: eine Packung
Kondome. Nein, kommentarlos hätte Emil das nicht hinge-

nommen, er schrieb ihr aus dem Drogeriemarkt eine SMS: »Wozu brauchen wir Kondome?«

Britta antwortete lapidar mit: »Sind billiger als Windeln.«

Seitdem seien weitere Kinder kein Thema mehr.

10.

BASTELANLEITUNG FÜR EINEN VATER

● ○ ● ○ ● ○ ● ○ ●

1. Suchen Sie sich bei einem Kinderwunsch einfach einen Mann aus, der Ihnen gefällt. Beurteilen Sie seine Eigenschaften wie Sparsamkeit, Zuverlässigkeit und Humor. Aber machen Sie sich keinerlei Hoffnung, die Qualität eines Mannes als Vater Ihrer Kinder vorher einschätzen zu können. Es soll zwar im Jemen anno 1867 einmal einen Fall gegeben haben, dass eine Frau positiv vom Verhalten ihres Gatten als Vater überrascht worden ist, normalerweise verhält es sich aber umgekehrt.

2. Machen Sie ein möglichst freundlich wirkendes Ganzkörperfoto von diesem Mann, bestellen Sie einen Abzug in Lebensgröße und schneiden Sie das Bild entlang der Konturen aus. Erledigen Sie das unbedingt noch vor der Entbindung Ihres ersten Kindes, denn mit Baby werden Sie sehr wenig Zeit haben.

3. Hängen Sie das Bild in der Nähe des Wickeltischs oder in der Küche auf. An beiden Orten werden Sie Ihren Mann künftig vermissen.

4. Überziehen Sie das Bild mit abwaschbarer Folie. So sieht der Vater Ihrer Kinder auch noch ansehnlich aus, wenn Sie ihn mit Tomaten beworfen haben, um Ihrer Wut über seine Abwesenheit Luft zu machen.

5. Stellen Sie die Wurfattacken spätestens nach sechs Monaten ein. Ihr Baby versteht jetzt schon sehr viel und könnte dadurch ein negatives Vaterbild bekommen. Machen Sie zu diesem Zeitpunkt weiter wie in Punkt sechs beschrieben.

6. Nehmen Sie ein Blatt Papier und schneiden Sie eine Sprechblase aus. Schreiben Sie darauf wahlweise »Ich liebe euch!« oder »Ich ernähre euch!« oder »Für euch tue ich alles«. Falls keine Aussage zutrifft (leider in fünfzig Prozent der Fälle), bemühen Sie Ihre Kreativität. Halten Sie sich nicht für phantasielos, wenn Ihnen trotzdem auch in den nächsten sechs Monaten keine positive Aussage einfällt. Entfernen Sie in diesem Fall den Mann – aber nicht das Bild. Ihre Kinder haben ein Recht darauf zu wissen, wie ihr Vater aussieht.

7. Reden Sie in grammatikalisch und politisch korrekten Sätzen mit dem Bild. Sie sind jetzt ein sprachliches Vorbild für Ihr Kind. Vermeiden Sie Schimpfwörter, auch wenn der Mann behauptet: »Was soll ich denn sonst noch alles tun? Ich mache doch eh schon so viel!«

8. Zeigen Sie vielmehr in Anwesenheit Ihres Kindes sehr oft auf das Bild und sagen Sie ihm: »Das ist Papa. Er muss leider so viel arbeiten, dass er gar nicht bei uns sein kann.« Auch wenn das gelogen ist, weil der Vater bei den Fußballkumpels hockt, geben Sie Ihrem Kind damit ein Gefühl von Sicherheit, weil dies in allen anderen Familien auch so der Fall ist und Ihr Kind sich damit nicht als Außenseiter fühlt.

9. Kaufen Sie eine Goldfolie, schneiden Sie einen Heiligenschein aus und umranden Sie den Kopf des Mannes damit. Das schmeichelt ihm, und das Kind oder die Kinder haben ein entsprechend konkretes Bild vor Augen, wenn sie an »Papa« denken.

10. Entfernen Sie das Bild erst dann, wenn Ihr Mann sich wieder in den Alltag einklinkt, sich am Haushalt beteiligt oder in Erziehungsfragen eine Meinung gebildet hat. Bleiben Sie aber bei der Zeiteinschätzung realistisch, der gebastelte Vater muss normalerweise mindestens zehn Jahre überstehen, beachten Sie deshalb besonders Punkt vier.

11.

STANDBY

●○●○●○●○●

Wer sagt eigentlich, dass Kinder in einer Phantasiewelt leben und wir Erwachsenen – insbesondere wir Mütter – uns nur ganz rational, nüchtern und pragmatisch den praktischen Anforderungen des Lebens stellen? Warum denken wir, die Welt der Kinder sei von Elfen, Zauberern und Ungeheuern belebt, während wir selbst uns selbstverständlich völlig vernunftgesteuert zwischen Haushalt, Job, Gesellschaftspolitik und Elternabenden bewegen?

Ich oute mich und »Heli« nun. Wie ich auf den Namen »Heli« gekommen bin, weiß ich nicht mehr genau, aber ich finde einfach, er passt zu ihm. Heli, das ist mein kaffeetassengroßer Kobold mit lila Haaren, abstehenden Ohren, Struwwelpeter-Fingernägeln, einer nervigen Piepsstimme und der Koboldeigenschaft, dass nur ich ihn sehen kann und kein Mensch sonst. »Heli, hau ab!«, raune ich ihm mehrmals am Tag zu, selbstverständlich nur, wenn niemand in der Nähe ist, denn weder mein Chef noch mein Mann würden mir glauben, dass ich mir wirklich und tatsächlich einen Kobold eingehandelt habe. Und selbst die Kinder wären vermutlich skeptisch, wenn ich ihnen von Heli berichten würde. Vielleicht haben alte Großväter oder Menschen in Urwäldern einen Kobold – aber doch nicht die eigene Mutter in der Großstadt!

Sie glauben mir auch nicht? Dabei bin ich mir ganz und gar sicher, dass neunundneunzig Prozent der Mütter auch täglich gegen so ein kleines Unwesen kämpfen, es bloß vielleicht nicht als Kobold mit lila Haaren sehen.

Am Wochenende, an einem Samstag, wenn ich endlich ausschlafen könnte, setzt er sich zu mir ans Kopfkissen und raunt mir mit absichtlich ruhiger Stimme zu: »Schlaf ruhig weiter! Die Kinder werden es genießen, sie werden fernsehen und gamen. Sie werden zwar deshalb dick und dumm, aber genieß DU nur deinen Schlaf!«

Beim Klamotteneinkauf springt er aus dem Kaufhaus-Spiegel heraus und ruft: »Gib nur das sauer verdiente Geld deines Mannes für deine Eitelkeit aus.« Wahlweise fügt er hinzu: »Als ob bei deinen Falten eine neues Top noch eine Rolle spielen würde.«

Im Büro droht er, mit einem komischen Spottlied zum Chef zu springen: »Sei bloß froh, dass der dich noch beschäftigt. Bei dem Schlafmangel leistest du doch maximal die Hälfte von dem deiner kinderlosen Kolleginnen!«

In der Küche schüttelt er nur noch den Kopf über meine ungesunde Zubereitung und Ernährung. Fischstäbchen mit Pommes heute. Womöglich noch Schokocreme als Nachspeise. Hab ich sie eigentlich noch alle?

Und der Tanz auf der Schulbank im Gespräch mit der Lehrerin bleibt ohnehin unübertroffen: Wie sollen denn die Kinder bei so einer Mutter, die weder Mathe-Funktionen noch die Konjugation von facere beherrscht, die arbeiten geht, statt den ganzen Nachmittag mit den Kindern zu lernen, die nicht einmal die offensichtliche Störung ihres Nachwuchses in Richtung

ADHS bemerkt, sondern sogar noch mit »mein Kind ist halt lebendig« die Augen vor der Realität verschließt, ja, wie um Himmels willen soll so eine Mutter eine gute Mutter sein?

Dass der lila Kobold auftaucht, wenn Besuch kommt und auf dem Fußboden Staubwolken himmlischen Ausmaßes liegen, versteht sich nach dem Schulgespräch von selbst. Auch, dass das Wesen um die Ecke guckt, wenn der Mann sich beklagt: »Wir haben gar nichts mehr richtig miteinander zu tun. Ist das überhaupt noch eine wirkliche Beziehung?«

Kobold Heli tauchte zum ersten Mal im Kreißsaal auf, nach einem Gespräch mit der Hebamme, bei dem ich mitteilte, dass ich nicht stillen wolle. Verächtlich sah mich die Hebamme an. Ich drückte mein Neugeborenes an mich, blickte ihm selig in die Augen – und in diesem Moment tauchte Heli auf.

»Was bist denn du für eine Mutter!«, kreischte er und stampfte wütend mit einem Fuß auf.

»Wer bist DU überhaupt?«, fragte ich.

»Unwichtig! Kümmere dich lieber um dein Baby, du Rabenmutter! Du wirst die Quittung schon noch bekommen, wenn du nicht stillst! Pass bloß auf, dann kriegt dein Kind eine Mutter-Allergie fürs Leben!«

Schockiert sackte ich in mir zusammen. Mein Mann fragte fürsorglich, was den plötzlich los sei, und schob mein Schweigen auf das Hormondurcheinander nach der Entbindung.

Wie konnte das geschehen? Wie konnte mein größtes Glück, ein gesundes Kind geboren zu haben, durch diesen blöden Wicht so geschmälert werden? Wer war dieses Unwesen überhaupt?

Heute weiß ich, dass Heli mein schlechtes Gewissen ist und dass Kobolde aller Art jede Mutter heimsuchen.

Sie arbeiten Vollzeit? Nun, dann schämen Sie sich, weil Sie Ihr Kind sträflich vernachlässigen, bloß weil Sie vielleicht gerne arbeiten oder keinen Mann mit genügend Kohle ergattern konnten!

Sie arbeiten den Kindern zuliebe gar nicht? Nun, dann schämen Sie sich aber gebührend! Sie wollen sich doch bloß vor der bösen Arbeitswelt drücken und in der Familienidylle versinken!

Sie arbeiten Teilzeit? Dann haben Sie eine multiple Chance auf Schuld und Scham und schlechtes Gewissen. Oder wollen Sie behaupten, Sie werden allen Teilbereichen wirklich gerecht? Dem Job, den Kindern, dem Haushalt, dem Mann?

Doch nicht nur in diesen großen Fragen des Muttterseins finden Kobolde ihren wunderbaren Nährboden. Es reichen simple Alltagssituationen, um Helis aller Art auf den Plan zu rufen. Sie gönnen sich vielleicht gerade ein Sudoku wie ich eben? »He«, schreit Heli, »du hast eine Viertelstunde vergeudet! Da hättest du die Jacke von Eva flicken oder dich auf die Matheschulaufgabe von Lukas vorbereiten können. Oder die Toilette putzen können. Oder du hättest mal wieder in ein Kochbuch schauen können, um der Familie zur Abwechslung abends mal ein neues Gericht zu servieren. Oder du hättest den Brief für den Chef noch einmal korrigieren und damit deine Stellung in der Firma optimieren können. Oder vielleicht sogar im Internet nach Tantra-Positionen googeln können, um endlich deinen Mann einmal wieder zu überraschen, denn der ist ja chronisch vernachlässigt.«

Eine gute Bühne bieten den Helis dieser Welt fast immer auch Gespräche mit Pädagogen. Das Kind ist zu frech, zu aktiv oder wahlweise zu schüchtern und zu kleinlaut? Nein, an der

Einrichtung kann das nicht liegen, das kommt schon vom Elternhaus, machen Sie sich nichts vor! Dort kriegt das Kind wahlweise zu viel oder zu wenig Aufmerksamkeit, wird überbehütet oder unterversorgt. Mütter verstehen offenbar einfach ihren Job nicht mehr, oder wie sonst lässt sich der enorme Anstieg an notwendigen Therapien bei Kindern erklären? Jetzt kommen Sie bitte nicht mit gesellschaftspolitischen Ausreden wie »ADHS ist nur eine neu erfundene Krankheit, um lebendige Kinder ruhigzustellen« oder »Der Druck in der Schule wird immer größer« oder »Der Perfektionsanspruch der Gesellschaft steigt vor allem für Frauen«. Alles faule Ausreden, nein, Sie ganz persönlich versagen jeden Tag und jede Nacht mit Ihrer Familie – sagt jedenfalls mein Heli zu mir.

Vielleicht haben Sie das Glück, sich einen etwas milderen Kobold eingefangen zu haben, vielleicht aber auch das Pech, einen noch strengeren bei sich ertragen zu müssen.
Auf jeden Fall hab ich mich hier geoutet – und wenn das noch mehr Mütter tun, könnten wir eventuell eine Selbsthilfegruppe gegen Kobolde gründen? Oder gar eine »Neue Gesellschaft gegen das Mütter-Kobold-Unwesen« (klingt einfach viel wissenschaftlicher!)?
Und weil ich mich nun öffentlich zu Heli bekenne, dachte ich, ich müsste das vor der Veröffentlichung auch ganz pädagogisch wertvoll und politisch korrekt meinen Kindern offenbaren.
»Hört mal, ich muss euch was sagen!« Mit ernster Stimme zitierte ich die Kinder zu mir an den Esstisch und überlegte noch, wie ich das am besten kindgerecht in Worte fassen sollte.
»Ich krieg eine PSP?«, fragte Lukas aufgeregt-hoffnungsvoll.

»Ihr lasst euch doch scheiden?«, erkundigte sich Eva ängstlich.

»Nein, nein, es geht um etwas ganz anderes ... Wie soll ich sagen ... Es gibt da etwas in meinem Leben ... Also, eure Mama hat einen Kobold.«

Verständnislose Blicke.

»Die gibt's doch gar nicht!«, sagte Lukas nach einer kurzen Nachdenkpause.

»Wenn Mama aber doch einen hat?!«, wandte Eva ein.

Ich musste genauer werden. »Also, das ist eine Art Wesen, weil ich eigentlich immer ein schlechtes Gewissen habe.«

»Warum?« Verständnislose Blicke.

»Weil ... vor allem wegen euch! Ich hab immer das Gefühl, dass ich nicht genügend für euch da bin. Dass ich zu viel arbeite und zu wenig mit euch unternehme.«

Noch verständnislosere Blicke.

»Aber du verdienst doch Geld, und damit können wir uns schöne neue Klamotten kaufen, sagst du immer«, kommentierte Eva.

»Oder eine PSP?!«, hoffte Lukas weiter auf verlorenem Posten.

»Nein, ja, aber wegen der Arbeit hab ich weniger Zeit für euch. Und dann bin ich auch manchmal einfach so erschöpft, dass ich gar nichts mehr unternehmen will. Wann waren wir zum Beispiel zum letzten Mal im Schwimmbad?«

»Wir unternehmen genug mit Papa! Das ist mir sowieso zu viel, der Freizeitstress!«, meinte Eva.

»Ich bin froh, wenn ich daheim chillen kann und nicht irgendwohin muss«, ergänzte Lukas ganz cool.

Herrgott noch mal, überlegte ich, wie soll ich die Sache nur erklären?

Lukas schaute mich nachdenklich an. »Also, was du dir da für Gedanken machst … Du bist doch eine tolle Mutter, die beste, die ich mir vorstellen kann. Soll ich jetzt noch weiter so Weiberkram an Gefühlen sagen?«

»Weiberkram?«, kreischte Eva und griff in eindeutiger Absicht zu Lukas' Schwert, das bei der letzten Spielzeugentsorgung aus Versehen übrig geblieben war.

Ich ging dazwischen und überlegte weiter, wie ich mein Problem den Kindern besser schildern könnte.

»Weißt du«, sagte Lukas, »du bist doch immer im Hintergrund für uns da. Immer, wenn wir dich brauchen. Du bist immer *standby*.«

Bei dem Wort »standby« sog ein unbekanntes Etwas Heli mit sich, weit weg, hinaus in eine Galaxie vielleicht. Erleichtert und glücklich strahlte ich die Kinder an.

Natürlich kehrt Heli trotzdem bisweilen zurück und versucht, mich gehörig in die Mangel zu nehmen. Aber immer öfter fällt mir mein persönliches Zauberwort gegen ihn ein: »Standby.«

Mütter, outet euch zuerst bei euren Kindern, wenn ihr auch so einen Kobold habt. Sie sind einfach vernünftig und nicht so in Phantasiewelten gefangen wie wir Mütter. Unsere Kinder können noch mehr als zaubern – sie können *ent*zaubern!

12.

QUENGELWARE

● ○ ● ○ ● ○ ● ○ ●

Fast jede Mutter kennt das: kurz vor Ladenschluss. Mama muss dringend noch einkaufen. Kind ist müde. Supermarkt ist voll. Einkaufswagen auch. Die Schlange vor der Kasse ist lang. Und genau vor der Kasse steht dieses kleine Regal genau in Augenhöhe eines Dreijährigen. Voll mit Süßigkeiten, weißem Zucker und wahrscheinlich so ziemlich allen zugelassenen Lebensmittelfarb- und Zusatzstoffen, die es so gibt. Kind sieht das Regal. Kind sieht einen besonders schön bunt verpackten Schokoriegel im Regal. Kind will den Schokoriegel haben. Sofort. Mutter sagt nein. Kind fängt an zu weinen. Mutter sagt nein. Kind fängt an zu brüllen. Mutter sagt nein. Kind bekommt hochroten Kopf und wirft sich brüllend auf den Boden. Mutter bekommt auch hochroten Kopf. Sagt tapfer immer noch nein. Kind steigert die Lautstärke in nie gekannte Höhen. Kopf der Mutter wird noch röter.

Alle Umstehenden starren auf Mutter und Kind.

»Eins auf die Löffel und damit hat's sich.«

»Das Kind muss sofort zum Therapeuten – dringend.«

»Die Mutter ist total symbiotisch – ist doch klar, dass das Kind dann so brüllt.«

»Also meine Kinder hätten sich das nie getraut.«

»Klarer Fall von mangelnden Grenzen.«

»Das Kind bekommt einfach zu wenig Liebe und Zuwendung.«

»In den Arm nehmen. Einfach in den Arm nehmen.«

»Ganz offensichtlich eine von diesen Müttern, die nicht gestillt haben, sonst hätte das Kind ein ganz anderes Urvertrauen.«

»Noch so ein kleiner Tyrann – das war ja abzusehen. Wir ziehen noch ein ganzes Volk von Tyrannen groß.«

»Ist das nicht großartig, wenn sich Emotionen einfach so frei entfalten können und nicht wie bei uns Erwachsenen immer so gefiltert und kontrolliert werden.«

»Ich könnt mich auch grad auf den Boden legen und heulen.«

»Was soll nur aus Deutschland werden?«

»Früher war alles besser.«

»Dieses kapitalistische System erzieht schon die Kleinsten zu reinen Konsumenten – schrecklich.«

»Super – ich wette, in spätestens sechzig Sekunden ist die Mutter weichgekocht und kauft das ganze Regal leer.«

»Oh Scheiße – bin ich froh, dass meine beiden gerade bei der Oma sind.«

»Vielleicht ist es doch ganz gut, dass immer weniger Kinder auf die Welt kommen.«

»Klarer Fall für die Super-Nanny.«

»Da sieht man, wohin die antiautoritäre Erziehung führt.«

»Dieses Kind hat eindeutig zwischen dem zweiten und dritten Lebensjahr das Fenster für das Erlernen der Frustrationstoleranz vollkommen verpasst.«

»Bei *der* Mutter würd ich auch heulen.«

»Jetzt kauf dem Balg doch endlich den Riegel.«

»Selbst Schuhe für zweihundertfünfzig Euro an den Füßen und zu geizig, dem Kind ein Schokoteil zu kaufen.«

»Ich lass mich morgen sterilisieren.«

»Wenn das Kind noch weiter schreit, verklag ich die Mutter auf Lärmbelästigung.«

»Die hat's einfach nicht im Griff.«

»Die Arme. Wie peinlich.«

»Na, da mach ich doch lieber Karriere.«

»Ob Simone die Pille wirklich nimmt?«

»Wie kann man davon drei kriegen wollen?«

»Würde das Kind in einen Waldorf-Kindergarten gehen, würde das nicht passieren.«

»Wahrscheinlich sitzt der Kleine jeden Tag stundenlang vor dem Fernseher.«

»Vernachlässigung auf hohem Niveau, ganz klar.«

»Ich will nur Mädchen. Süße kleine Mädchen.«

»Als Mutter wird mir das später garantiert nicht passieren.«

»Das Leben ist kein Ponyhof, das kann man gar nicht früh genug lernen.«

»Also, ich würde ihm nur den biologisch-dynamischen Schokoriegel kaufen.«

»Der hat jetzt einfach Unterzucker – ist doch klar.«

»Die Mutter ist bestimmt Ausländerin oder so was Ähnliches.«

Ich kenne eine Mutter, die hat sich in so einer Situation einfach zu dem Kind auf den Boden geworfen, selbst gebrüllt, geschrien, geheult und mit den Fäusten auf den Boden getrommelt.

Das Kind war daraufhin sofort still.

Die Umstehenden vermutlich auch.

13.

DER KLEINE UNTERSCHIED

● ○ ● ○ ● ○ ● ○ ●

Früher, als ich noch jung und naiv war, also als ich noch kein Kind hatte und einen strafferen Po, also zu dieser Zeit damals war ich fest davon überzeugt, dass Erziehung, Sozialisation etc. pp. den Menschen beziehungsweise das Kind machen.

Alle Schuld den Eltern. Oder der Mutter. Oder der Schule. Oder dem schlechten Einfluss der Clique. Zumindest, wenn's schiefläuft. Wenn's gut läuft – natürlich auch prima, aber das ist ja doch hoffentlich der Standard und meistens nicht so erwähnenswert.

Und dann kam Sophie.

Und blickte mich gleich nach der Geburt mit ihren wunderschönen dunkelblauen Augen an. Und da ahnte ich schon: Dieses winzige Baby ist eine vollkommene Persönlichkeit.

Alles schon da.

Muss nur noch aufblühen.

Und je größer und älter Sophie wurde, desto klarer hat sie mir und meinem Mann gezeigt, wer und was sie ist.

Ach, was hat man als Mutter und Vater so Träume und Vorstellungen von seinem Kind.

Ich zum Beispiel, ich dachte mir Sophie doch eher wild und draufgängerisch. So eines von diesen Mädchen, die immer aufgeschlagene Knie haben, weil sie höher als jeder Junge auf die Bäume klettern. Klar, auch ein wenig rosa Tütü, aber auch jede Menge Ronja Räubertochter war in meiner Vorstellung von Sophie vorhanden. Und auf gar keinen Fall wollten mein Mann und ich Sophie als totales Mädchen erziehen. Nein. Bloß das nicht. Bloß keine geschlechtsspezifische Komplett-erziehung. Sophie sollte selbst frei entscheiden: Rock oder Hose? Auto oder Puppe? Baustelle oder Kinderwagen?

Und Sophie entschied sich.

Völlig eindeutig und ohne jeglichen Zweifel.

Für den Rock. Für die Puppe. Für den Kinderwagen.

Verblüfft blickte ich auf mein Kind und kaufte ihr zwei knall-farbene Autos. Die interessierten Sophie als Dreijährige ge-nau zwei Sekunden. Dann wandte sie sich wieder ihren Pup-pen zu. Die Autos vergammelten in der Spielekiste. Und wur-den erst wieder hervorgeholt, als Leon, ein befreundeter Junge aus dem Kindergarten, zu Besuch kam. Der nahm die Autos dann innerhalb einer Viertelstunde komplett auseinan-der, leider ohne die Dinger hinterher wieder zusammenbauen zu können. Dafür hätte er wohl doch erst eine Lehre als Automechaniker machen müssen. Ich hab die blöden Dinger auch nicht mehr zusammenbekommen. Aber ich bin ja auch keine Automechanikerin.

Aber egal. In jedem Fall war Sophie eindeutig ein Mädchen. Mit allem Drum und Dran. Monatelang versank das Haus in allem, was rund um Prinzessin Lillifee so zu kaufen war. Pup-pen bekamen Namen und wurden stundenlang im Kinder-wagen umhergefahren und mit Fläschchen gefüttert.

Und alle von Sophies Freundinnen machten begeistert mit.

Kein einziges der Mädchen, die jemals bei Sophie zu Besuch waren, wollte mit den Autos spielen.

Und dann kam die Zeit, da wollte Sophie auf gar keinen Fall mehr mit Jungs spielen.

Jungs waren eindeutig doof.

Und nicht nur das. Die Welten zwischen Jungs und Mädchen fingen an, sich mehr und mehr auseinanderzuentwickeln. Konnte ich noch zu Beginn der Kindergartenzeit mit einer Jungs-Mutter einen gemeinsamen entspannten Nachmittag mit Kaffee, Kuchen und Max und Sophie verbringen, wurde das zunehmend schwieriger.

Die Spielwelten waren kaum noch zu vereinbaren.

Die Kinder quengelten, nörgelten oder beobachteten sich nur gegenseitig feindselig – oder es kam gleich zu Handgreiflichkeiten.

Irgendwann gab ich entnervt auf.

Und traf mich nur noch mit Mädchen-Mamas.

Ach, wie einfach ist die Welt für die meisten Mädchen-Mamas! Mädchen-Mamas können meistens zumindest eine halbe Stunde in Ruhe einen Kaffee oder einen Aperol Spritz trinken, während ihre Mädchen ruhig und friedlich spielen. Jungs-Mamas sind immer auf dem Sprung, um irgendeinen schweren Unfall oder Mord und Totschlag zu verhindern. Das ist mir schon aufgefallen, als Sophie noch im Krabbelalter war.

Während die Mädchen-Mamas es schafften, zumindest ab und zu längere Sätze miteinander zu sprechen, rannten die Jungs-Mamas ständig hinter ihren kleinen Rabauken her, die entweder gerade Ritter spielten, wobei einem der Ritter mit einem Ast beinahe ein Auge ausgeschlagen wurde, oder der kleine Tobias versuchte einer Katze den Schwanz anzuzünden, während er auf einem zwei Meter hohen Ast balancierte. Keine Ahnung, wie er überhaupt da hochkommen konnte.

Aber keine Angst, ihr Jungs-Mamas. Mädchen-Mamas haben auch Stress. Denn wenn Mädchen miteinander in den Clinch gehen – und das tun sie genauso oft wie die Jungs –, dann ist es auch nicht lustig.

Und ja, es stimmt: Mädchen kämpfen gegeneinander meist mit Worten und gerne mit subtilen Fiesheiten, während Jungs gerne einfach mal direkt zuschlagen.

Zumindest wenn sie ins Schulalter kommen.

Das habe ich nicht erfunden. Das kann man auf jedem Schulhof oder auch schon im Kindergarten beobachten.

Und ja – es gibt Ausnahmen. Es gibt Jungs, die gerne mit Puppen spielen, und Mädchen, die sich total für Autos interessieren.

Aber diese Ausnahmen bestätigen wie so oft hier auch nur die Regel.

Es gibt einen Unterschied der Geschlechter. Und er ist nicht so klein, wie man sich das als Frau und Mutter gerne mal einreden will.

Es hat sich viel getan in den letzten Jahrzehnten in puncto Geschlechterrollen und Geschlechteridentität.

Jungs dürfen endlich weinen.

Und Mädchen dürfen wild und rauh sein.

Und mit Autos spielen – auch wenn sie schon erwachsen sind.

Das ist großartig so.

Trotzdem war ich als Mutter einfach erstaunt, wie viel die Kinder an Rollenverhalten mitbringen.

Das ist schlichtweg so – auch wenn ich das als heimliche Feministin nicht immer so gerne sehe.

Schließlich wurden die angeborenen Unterschiede über Jahrhunderte missbraucht, um Millionen von Frauen und Mädchen zu unterdrücken und ihnen ihre Rolle fest zuzuschreiben – egal, ob es ihnen passte oder nicht. Und sicher gab es auch so manchen Mann im Laufe der Zeit, der lieber das Kochen als das Kriegshandwerk erlernen wollte.

Trotzdem ist es interessant zu beobachten, welche Unterschiede es gibt. Mittlerweile existieren viele neuere Untersuchungen, die sich ausschließlich mit dem Unterschied der Geschlechter beschäftigen.

Und ja, sie kommen zu dem Schluss: Das Gehirn eines Mannes funktioniert anders als das einer Frau. Mädchen sind anders als Jungs.

Welch Wunder!

Welche Überraschung!

Und das muss ja nichts Schlechtes sein. Unterschiede bereichern die Welt, wenn man sie nicht dazu nutzt, den, der anders ist, zu unterdrücken.

Und unser Verhalten ist oft mehr von Biologie und Genen geprägt, als wir uns das so denken.

Sophie weigert sich zurzeit übrigens sogar, einem Jungen auch nur einen Brief an seine Mutter auszuhändigen. Ich hatte ihn ihr mitgegeben, damit sie ihn weiterleitet, und fand das Ding zwei Wochen später immer noch im Schulranzen.

Als ich Sophie drauf ansprach, kam nur ein völlig empörtes: »Mama, ich kann doch einem Jungen nicht vor der ganzen Klasse irgendwas überreichen! Was denken denn dann die anderen von mir? Die denken, ich bin verknallt oder so. Und das ist ein Liebesbrief. Das ist total peinlich. Schmeiß den Brief doch einfach in den Briefkasten.«

Aha.

Was blieb mir übrig. Ich schmiss den Brief in den Briefkasten. Und ich warte ab.

Jetzt sind Jungs blöd – wobei natürlich alle Mädchen nach ihnen schielen, genauso wie die Jungs nach den Mädchen schauen. Das alles ist noch spielerisch. Ich bin mir sicher, das wird sich ändern. Vielleicht schneller, als mir lieb ist.

Dann wird es einen Jungen ins Sophies Leben geben, der überhaupt nicht mehr blöd ist.

Vielleicht spielen sie dann auch wieder gemeinsam – wenn auch sicher nicht mit Autos …

14.

MAMASAURUS REX

● ○ ● ○ ● ○ ● ○ ●

Jede Zeit bringt ihre eigenen Ungeheuer hervor.
Die letzten drei Millionen Jahre der Kreidezeit (spätes Maastrichtium, das ist schon etwas länger her, so in etwa vor 68 bis 65 Millionen Jahren) zum Beispiel beherrschte eindeutig Tyrannosaurus Rex. Ein Saurier, der wohl ziemlich schrecklich war und den meisten Müttern als T-Rex-Plastikmodell im Zimmer des Sohnes bekannt sein dürfte. Auch in vielen Filmen hat es der Tyrannosaurus Rex bisher zu zweifelhafter Berühmtheit gebracht, lange nach dem Aussterben des schrecklichen Ungeheuers. Im National History Museum in London kann man – wenn man bereit ist, sich in eine lange Schlange zu stellen – ein fast lebendiges Exemplar dieser Gattung begutachten. Habe ich vor kurzem mit Sophie gemacht. Ein furchterregender Anblick, dieser Tyrannosaurus Rex.
Auch wenn dieses Ungeheuer aus Plastik ist und von einem Motor angetrieben wird.
Das zwanzigste, einundzwanzigste Jahrhundert hingegen hat, wenn man einigen Leuten und Medien Glauben schenken darf, als grausigstes Ungeheuer die moderne Mutter hervorgebracht: den sogenannten Mamasaurus Rex.

Also nicht, dass es die Mutter an und für sich nicht vorher schon gegeben hätte.

Sonst würden wir alle hier ja nicht sitzen.

Nein, aber bei dem Mamasaurus Rex handelt es sich um eine Spezies, die anscheinend zu den schrecklichsten und furchterregendsten Geschöpfen dieses Planeten gehört.

Es gibt welche dieser modernen Ungeheuer, die haben sich bis nach Berlin verbreitet und treiben dort speziell am Prenzlauer Berg gnadenlos ihr schreckliches Unwesen. Trinken doch tatsächlich auf offener Straße Latte macchiato und stillen nebenher noch ihre Kinder. Wobei sie offensichtlich schamlos ihren Busen an die frische Luft holen und erschreckenderweise kein aufklappbares Zelt oder eine Burka dabeihaben, um sich darunter zu tarnen. Und das alles, während die dazugehörigen Männer und Erzeuger sich in irgendwelchen schicken Büros abarbeiten, um den Müttern dieses Lotterleben zu finanzieren. Ein einziges Grauen hat offensichtlich diesen ach so schönen Stadtteil Berlins befallen, niemand ohne Kinder ist in diesem Großstadtdschungel mehr sicher. Ständig gibt es Tote und Schwerverletzte, die von den rücksichtslosen Müttern gnadenlos mit bunten Bugaboos einfach umgefahren werden. Die Schmerzensschreie der so Gefolterten dringen vor bis zum Rest der Nation.

Aber auch aus dem Rest Deutschlands gibt es Schlimmes und Grausiges von den Mamasaurus-Rex-Müttern zu berichten. So sollen einige ihre Kinder tatsächlich zu kleinen Tyrannen – lat. Tyrannus Rex minimus – erziehen, kein Wunder bei so einer voll ausgewachsenen Mamasaurus-Rex-Mutter. Und wieder andere, man glaubt es kaum, ernähren die Kinder nicht ausschließlich biologisch-dynamisch. Ein einziges Grausen geht durch die Nation.

Die Mamasaurus-Rex-Mutter verabschiedet sich auch gerne für ihre Tätigkeit in einem Halbtagsjob aus der Verantwortung und verweigert sich mir nichts, dir nichts einer gelungenen Karriere mit Zweihundertvierzig-Stunden-Woche im Finanzvorstand eines Dax-Unternehmens. Schande über diese Spezies, die offensichtlich macht, was sie will, und nicht das, was andere von ihr erwarten.

Der Mamasaurus Rex steht wie kaum eine andere Spezies heutzutage unter ständiger Beobachtung von Politikern, Psychologen, Soziologen oder anderen Fach- oder Nicht-Fachleuten, die alle versuchen, die neue Spezies genauestens zu sezieren.

Denn der Mamasaurus Rex kann es offensichtlich niemandem recht machen.

Arbeiten oder nicht arbeiten? Stillen oder Flasche? Latte macchiato oder Milchkaffee? Das ist keine simple Frage, sondern eine Ideologie.

Die Fortpflanzungsrate des Mamasaurus Rex wird ständig kritisch von den Politikern beäugt, und immer wieder heißt es, dass durch die geringe Geburtenrate die wenigen Kinder womöglich zu kleinen Egosauriern herangezogen werden.

Ein grausiges Bild der Zukunft steht im Raum.

Für Biologen übrigens besonders interessant ist das Verhalten der Mamasaurus-Rex-Mütter untereinander. Begegnungen auch zufälliger Art enden oft in blutigen Kämpfen, bei denen die Wunden zuweilen erst später sichtbar werden. Denn obwohl die Mamasaurus-Rex-Vertreterinnen genügend mit anderen Spezies zu kämpfen haben, können sich zwei oder mehrere Exemplare bis aufs Blut bekriegen. Scharfe Worte und spitze Zungen können tiefe Wunden in das mütterliche Fleisch reißen.

Wer erzieht richtig? Welches Kind ist besser in der Schule? Wer backt den leckersten Kuchen? Wer führt die perfekte Ehe? Wer engagiert sich mehr im Kindergarten? Wer bringt sein Kind zum PEKiP-Kurs und wer nicht? Wer ist glücklicher in seinem Häuschen in der Vorstadt?

Seit Kinder nicht mehr das zufällige Nebenprodukt von Sex und Liebe sind, geraten die Mütter unter Beschuss. Und sie können es niemandem recht machen. Und manchmal noch nicht mal sich selbst. Denn mit der Pille und der modernen Verhütung haben Frauen eine Macht bekommen, die sie in der Kreidezeit eindeutig noch nicht besaßen.

Der Tyrannosaurus Rex ist ja nun schon lange ausgestorben. Wollen wir mal nicht hoffen, dass der Mamasaurus Rex demnächst sein Schicksal teilt. Es stünde schlecht um die Menschheit.

Es gäbe nämlich niemanden mehr, gar niemanden mehr, nein auch keine Fachleute oder Kinderlose und Nichtmamas, der sich den ganzen Tag über den Mamasaurus Rex und seine Nachkommen aufregen könnte.

Und wo kämen wir denn da hin, wenn jede Mutter es einfach so machen würde, wie es am besten zu ihrem Leben und zu ihrer Familie und ihren Kindern passt??? Das wäre ja nun wirklich ein Rückfall in die Kreidezeit!

15.

DAS WÄCHST SICH
SCHON NOCH AUS

● ○ ○ ● ○ ● ○ ●

Früher, als ich selbst noch ein Kind war, also so vor ungefähr knapp hundert Jahren, da gab es einen Satz, den Eltern und Mütter oft zueinander sagten, während sie sich über
uns Kinder und speziell über die Probleme mit uns Kindern
unterhielten.

»Das wächst sich schon noch aus.« Sagte zum Beispiel eine
Mutter oder Oma zu einer anderen Mutter, die sich gerade
Sorgen machte. Über das nächtliche Wandern ins Elternbett
oder über den dauernden aggressiven Streit von Geschwistern
untereinander.

Das wächst sich schon noch aus.

Das hieß nichts anderes als: Entspann mal, das wird schon
noch werden, kein Grund, sich übermäßige Sorgen zu machen.

Diesen Satz habe ich selbst als Mutter noch nie gehört und mich
auch noch nie getraut, ihn zu einer anderen Mutter zu sagen.

Denn heute rennen wir Mütter sofort zu einem Spezialisten,
sobald bei einem Kind nur ein Pups quersteckt.

Natürlich ist es toll, zum Beispiel Legasthenie möglichst früh zu erkennen und das Kind entsprechend zu fördern. Natürlich ist es gut, wenn ein Kind rechtzeitig eine Zahnspange bekommt. Natürlich ist es toll, wenn wir unsere Kinder fördern und uns bestmöglich um ihr Wohlergehen sorgen.

Aber ich behaupte jetzt einfach mal ganz provokativ, dass man Michel aus Lönneberga heutzutage sofort ADHS unterstellen würde, Pippi Langstrumpf müsste in Therapie, um den Verlust ihrer Mutter zu verarbeiten, und Max und Moritz wären schon längst in einem Bootcamp für schwer erziehbare Kinder.

Seitdem Kinder geplant werden, was eben erst durch die moderne Empfängnisverhütung möglich geworden ist, gibt es einfach weniger Kinder. Und auf diese weniger gewordenen Kinder wird ein ganz genauer Blick geworfen.

Manchmal vielleicht ein zu genauer Blick.

Jede kleinste Auffälligkeit wird sofort behandelt oder für behandlungsbedürftig erklärt. Nichts wächst sich einfach aus. Alles wird sofort korrigiert. So als müssten alle Kinder einer ganz bestimmten Norm entsprechen. Und so, als würden manche Dinge sich nicht auch einfach mal von selbst verändern und entwickeln. So als hätten wir alle kein Vertrauen mehr in Mutter Natur und schon gar kein Vertrauen mehr in uns selbst als Mutter.

Hinschauen ist sicher gut. Manche Probleme muss man schnell und gut behandeln. Aber Kinder permanent wie durch ein Mikroskop zu beobachten, ist vielleicht weniger gut.

Mag sein, dass ich – wie die meisten Erwachsenen – einen verklärten Blick auf meine eigene Kindheit habe. Früher war eben einfach alles besser. War es natürlich nicht. Es war einfach anders.

Trotzdem habe ich das Gefühl, dass wir Eltern und Mütter heute manchmal komplett am Ziel vorbeischießen. Und manchmal auch über das Ziel hinaus. Dass eine gewisse Hysterie sich um den Nachwuchs verbreitet hat, mit der sich die Mütter gerne auch noch gegenseitig anstecken.

Noch nie gab es so viele Ratgeber wie heute, die sich um das Thema Schwangerschaft, Erziehung und Kinder etc. pp. drehen.

Und die Mütter und Kinder drehen sich mit.

Dabei gibt es keine perfekten Kinder. Und keine perfekten Mütter oder Eltern. Und manche Dinge muss man behandeln, und manches – das behaupte ich jetzt einfach mal so – wächst sich eben mit der Zeit aus. Wenn Lisa mit zweieinhalb noch nicht aufs Töpfchen gehen will – ich bin sicher, mit sechs wird sie es schaffen.

16.

DER KOLLEKTIVE VOGEL

● ○ ● ○ ● ○ ● ○

Ich wundere mich zunehmend, dass ich noch lebe. Nein, ich bin weder depressiv noch von einer schlimmen Krankheit geheilt worden noch habe ich einen Überfall überstanden. Aber ich habe eine Kindheit überlebt, für die meine Eltern heute von den Nachbarn wegen Kindesvernachlässigung angezeigt würden.

Man stelle sich vor: Mit drei Jahren ging ich schon alleine über die Straße zum Milchholen beim Bauern! Mit fünf Jahren lernte ich Fahrrad fahren und bewegte mich von da an ohne Helm (!) von einem Dorf zum anderen. Mit sieben Jahren lernte ich schwimmen und ging an Sommertagen ohne erwachsene Aufsicht zum nächsten See zum Baden. Kein Mensch machte jemals mit mir Hausaufgaben! In den Sommerferien trieb ich mich ohne Handy (!) den ganzen Tag draußen herum, musste erst um sieben Uhr abends daheim sein und aß Fleisch von nicht ökologisch aufgezogenen Schweinen. Wir ritten auf Kühen, kletterten auf die höchsten Bäume des kleinen Waldes, stahlen einmal Schnaps aus einer Bar und schmuggelten uns auf dem Volksfest in eine Erwachsenen-Achterbahn. Eine leichte Lese-Rechtschreib-Schwäche interessierte keine drei Minuten lang, ich erhielt weder eine Ergo- noch eine Logotherapie. Weder Babyschwimmen noch Ballett noch Fechten oder Englisch für Kindergartenkinder durfte ich genießen, überhaupt, bei uns im Dorf gab es nicht einmal einen Kindergarten, und die Bauern schickten ihre klügsten Kinder nicht aufs Gymnasium, sondern auf die Hauptschule, damit die Gescheiten nicht so lange durch Schulbesuch vom Hof abwesend wären. Bei Familienfesten qualmte man in Anwesenheit der Kinder, was das Zeug hielt, und die einzige Untersuchung der Kindheit bestand aus einem Einschulungstest, bei dem ich einen Arm über den Kopf strecken sollte.

Mag sein, im Straßenverkehr enden Unfälle heute nicht mehr so schnell tödlich. Mag sein, dass durch die Vorsorgeuntersuchungen Krankheiten schneller auffallen und behandelt werden können. Mag auch sein, dass unsere Kinder immer gebildeter werden. Doch wissen wir eigentlich um die Kehrseite der Medaille?

Der Schweizer Kinderpsychologe Remo Largo nennt unsere Erziehung »pädagogische Käfighaltung«. Eine Art »elterlicher Überwachungsstaat« funktioniert – überspitzt gesagt – nach dem gleichen Muster wie entsprechende politische Systeme. Zum »Schutz« vor Gefahren aller Art (Terror, Verbrecher) wird immer mehr kontrolliert, abgehört, gefilmt. Nicht wenige der Handys unserer Kinder sind bereits mit einem Ortungssystem ausgestattet, damit wir immer wissen, wo die Kids sich gerade aufhalten. Auch wenn die Schule nur ein paar Straßenzüge entfernt ist, fahren wir die Kinder morgens mit dem Auto hin und holen sie nachmittags wieder ab. Wir haben Notenblätter eingeführt, in der jede einzelne mündliche Zensur vermerkt ist, wir beäugen argwöhnisch, ob die Lehrer den Jahrgangsstoff auch schaffen. Wir ahnden jede Abweichung der Kleinen einen Zentimeter von der Norm sofort mit einer entsprechenden Therapie. Wir rufen die Polizei, wenn der Zwölfjährige sich drei Minuten verspätet. Und wir veranlassen über eine Bürgerversammlung, dass zu hohe Klettergerüste auf Spielplätzen wieder abmontiert werden.

Haben wir sie eigentlich noch alle? Was geht hier eigentlich ab? Sind wir alle kollektiv hysterisch geworden, wie Remo Largo meint?

Was tun wir unseren Kindern eigentlich an? Wie sollen sie Selbstvertrauen bekommen, wenn Mama und Papa sie vor allem beschützen und sie scheinbar keine Herausforderung alleine meistern können? Wie sollen die Kinder sich »normal« fühlen, wenn sie nach einer Drei im Deutschdiktat umgehend zu einer Ergotherapie geschickt werden? Wie sollen sie Vertrauen spüren, wenn sie stets unter Kontrolle stehen?

Und was tun wir Mütter uns eigentlich an? Jenseits des Irrsinns an Fahrten, Aufwendungen und Arbeitszeit leben wir im perfekten Förderwahn. Wie unsere Großmütter »opfern« wir uns auf für die Zukunft unserer Kinder. Manchmal halten die Kids dann nicht, was sie versprechen. Da werden wir dann aber wütend. Meist halten wir selbst nicht, was wir versprechen. Wir können es gar nicht. Wir können gar nicht so viel fördern und beschützen, wie wir es von uns selbst verlangen. Immer öfter schaffen wir es nicht. Und so zeigt sich die Kehrseite der Medaille unserer kollektiven Hysterie. Immer mehr Kinder werden hierzulande vernachlässigt, weil die Mütter einfach überfordert sind und vor dem ganzen Irrsinn an Ansprüchen komplett kapitulieren. Entsetzt verfolgen wir die Medienberichte darüber. Ja, diese Mütter sind oft wirklich krank. Aber wir alle haben auch einen großen Vogel, ohne dass wir ihn zwitschern hören.

17.

DAS GOTT

●○●○●○●○●

So einen Job als Ministerin stelle ich mir unheimlich schwer vor, wenn man selbst ein Kind hat und dazu auch noch das Familienressort leitet. Ich meine, wie ich meine Kinder falsch erziehe, interessiert im Grunde genommen niemanden außer meiner Schwiegermutter und die Nachbarin von nebenan, deren Sprösslinge allesamt schon immer und seit jeher Türen leise schlossen, selbständig und gewissenhaft für die Schule lernten, stets höflich grüßten und freundlich bei der Mutter nachfragten, ob sie nach dem Kinderzimmeraufräumen noch etwas für sie im Haushalt tun könnten, ansonsten würden sie das Sandspielzeug im Hof sortieren. Meine Nachbarin – ich nenne sie mal Gisela – beobachtet genau, ob meine Kinder rechtzeitig in der Früh das Haus verlassen, um pünktlich zur Schule zu kommen (»Na, heute haben wir aber verschlafen!«), sie kümmert sich rührend um die Zensuren meiner Kinder und fängt sie dazu im Treppenhaus ab (»Wie war denn die Mathearbeit?«, »Hast du dich in Englisch verbessern können?«) und sorgt sich aufopferungswürdig um die weitere Zukunft meiner Familie, indem sie die Hausverwaltung informiert, dass aus diesen Bälgern nie und nimmer etwas werden könne, wenn sie jetzt nicht lernten, den Sandkasten nach dem Spielen wieder einzuebnen. Kurzum: Gisela ist ein Exemplar Mutter, das zur falschen Zeit geboren wurde, um wirklich Karriere zu machen, Blockwarte sind bekanntlich abgeschafft.

Aber wie komme ich jetzt eigentlich von der Ministerin zur Gisela? Ach ja, weil so eine Familienministerin vermutlich Tausende von Giselas in ganz Deutschland hat, die ihr genau auf die Finger schauen. Dabei stelle ich es mir ohnehin schon schwer genug vor, Ministerin und zugleich Mutter zu sein. Während ich schon meine Kinder ermahne, der Gisela bloß nichts mehr zu erzählen, muss eine Familienministerin vermutlich ständig auf der Hut vor allen Giselas Deutschlands sein. Und dabei ist sie auch noch ständig unterwegs und kann ihre ganzen Kindermädchen oder ihren Mann auch gar nicht gebührend warnen. Denn ich nehme mal an, dass eine Ministerin über noch weniger Zeit für so überflüssiges Zeugs auf der Welt verfügt als ich. Ich arbeite schließlich bloß Teilzeit und muss beruflich nicht ständig quer durch Deutschland, Europa und die Welt reisen, sondern muss bloß pünktlich zur Abholzeit im Hort sein. Das ist zwar auch nicht immer so einfach, wenn dem Chef plötzlich einfällt, dass heute noch dringendst der neue Auftrag eingetütet werden muss, aber sicherlich bedeutend einfacher, als zehn Zeitzonen weiter mitten in der Nacht vom Personal aus dem Schlaf geklingelt zu werden, weil das Kind gerade Läuse hat und nach der Mama weint.

Vielleicht unterschätze ich aber auch einfach das Personal, und die können auch mit kranken Kindern und Läusen umgehen. Ich gehe bloß von mir, meinem Mann und meiner Schwiegermutter aus, die allesamt sofort aus der Wohnung, der Stadt, aus Deutschland verschwinden, wenn eines der Kinder Läuse oder gar noch garstigere Krankheiten hat. Aber vielleicht befallen auch Kinder von Ministern weder Läuse noch sonstige Krankheiten.

Dazu hat die gute Frau ja auch noch einen wahnsinnig anstrengenden Job zu machen. Sie muss von einer Sitzung zur anderen eilen, zu Geschäftsessen morgens, mittags, abends und mitten in der Nacht gehen, Parteifreunde geschickt kaltstellen, Redenschreiber einstellen, Sekretäre auswählen, vor Wahlen Märchen erfinden und nach Wahlen erklären, warum Märchen Fiktion sind und die Realität ja ganz anders aussieht. Ja, so ein Job ist sicher unglaublich schwer, und noch dazu muss sie … ähm … ach ja, sie muss auch noch Politik machen. Also neue Gesetze erfinden und in ihrem Amt für unser aller Familienwohl sorgen. Dafür, dass es mir als zweifacher Mutter in diesem Deutschland jetzt viel besser geht als in der Regierungsperiode vor ihr. Das muss frau sich mal vorstellen: dieser Stress, ständig neu für das Familienwohl einer ganzen Nation sorgen zu müssen. Wenn ich sehe, was die Nachbarin Gisela da schon mit unserer und den Nachbarsfamilien zu tun hat!

Und dabei sind Giselas Aktivitäten nur Kleinigkeiten, denn sie muss ja nicht auch noch neue Ideen entwickeln, um die Rahmenbedingungen für unseren Haushalt oder meine Familie zu verbessern. Eine Familienministerin hingegen muss sich ständig Gedanken machen, wie sie die Aufzucht kleiner Menschen nachhaltig fördern kann. Ich stelle mir das so vor, dass sie abends noch an ihrem Schreibtisch sitzt, Mann und Kindermädchen zum x-ten Mal rufen: »Kinder, Zähne putzen!«, und die Haushälterin die Küche aufräumt. Da sitzt sie dann, die Familienministerin, und erfindet neue Gesetzestexte, ganz frei weg von der Leber dichtet sie Paragraphen vor sich hin, verwirft eine Variante und kommt zu einer neuen, bis Mann, Haushälterin und Kindermädchen schlafen und endlich die nötige Ruhe herrscht, dass die gute Frau zu einer substanziellen Verbesserung unserer Familiensituation sich gehörig etwas einfallen lassen kann.

Aber ich bin da vielleicht auch zu naiv und verstehe vielleicht die große Politik nicht wirklich. Denn ich zum Beispiel würde ganz selbstverständlich Kita-Plätze ausbauen und den Müttern dann einfach die Wahl lassen, ob sie Vollzeit oder Teilzeit oder gar nicht arbeiten, wenn sie es sich leisten können. Ich würde auch, obwohl selbst verheiratet, Alleinerziehende steuerlich besser stellen und ihnen nicht bloß den Entlastungsbetrag von 109 Euro im Monat zukommen lassen. 109 Euro klingt ja erst mal viel – aber wenn man sich überlegt, wie viele kostenlose familiäre »Überstunden« (Elternabende, nächtliche Krankenpflege, etc.) im Laufe eine Monats normalerweise eine Mutter schiebt, dann sind 109 Euro dafür im Monat ein geradezu lächerlicher Betrag.

Unsere Familienministerin hat zwar noch keine neuen Gesetze mit so banalen Dingen wie mehr steuerlicher Entlastung von Alleinerziehenden in die Hand genommen, aber sie hat doch so viel, viel, viel mehr gemacht!

Aber ich bin keine Familienministerin und phantasiere gerade nur so vor mich hin, nachdem mein Mann und meine Kinder ganz ohne Haushälterin und ganz ohne Kindermädchen nun friedlich im Bett schlafen und ich am Schreibtisch sitze, um endlich in Ruhe einen Text für dieses Buch zu verfassen.

Buch? Text verfassen? Wow! Das hat unsere Familienministerin auch noch gemacht! »Nebenbei«, wie ich lese. Wie schafft die Frau das? Bin ich nicht eine faule Tussi im Vergleich zu ihr? Klar, sie hat vermutlich auch mehr Personal als ich (ich hab de facto nur mich selbst als Personal), aber trotzdem, sie muss eine Idee zwischen Politik, eigener Familie und Personal auch umsetzen. Wow!

Es wird immer später am Schreibtisch, als ich weiter nachgucke, was diese unsere Familienministerin sonst noch alles so macht. Aber ich werde nicht fündig, welche neuen Gesetze und Erleichterungen uns die Ministerin so verschafft hat. Etwas, das sich positiv auf unser Leben auswirkt. Halt, Moment – eben, kurz nach zwei Uhr nachts, entdecke ich doch etwas –, da gibt es eine ganz großartige Idee unserer Familienministerin! Liebe Leserin, setzen Sie sich bitte hin, oder falls Sie im Bett liegen, stehlen Sie sich noch schnell für eine Stärkung zum Kühlschrank oder zum Süßigkeitenvorrat aus den Federn. Sie werden das brauchen, bei dieser großartigen Vision!

Unsere Familienministerin hat zwar noch kein neues Gesetz mit so banalen Dingen wie größere steuerliche Entlastung von Alleinerziehenden in die Hand genommen, aber sie hat doch so viel, viel, viel mehr gemacht! Sie hat sich mit niemand Geringerem als Gott angelegt. Ja, Sie lesen richtig, mit Gott, dem lieben Gott, an den wir glauben oder auch nicht, aber das spielt keine Rolle jetzt, ob er virtuell wie das Internet in unserer Familie lebt oder nicht.

Unsere Familienministerin hat Gott einen neuen Artikel verpasst. Nein, keinen Kaufhausartikel, wie einen neuen weißen Bart oder ein goldenes Regierungszepter (hab ich neulich bei Aldi für 4,99 gesehen), sondern einen neuen grammatikalischen Artikel. Unsere Familienministerin hat gefordert, nicht mehr von »der Gott« zu sprechen oder über ihn zu schreiben, sondern stattdessen von »das Gott«.

Wenn Gott kein Mann mehr ist, sondern ganz geschlechts-neutral DAS Gott heißt, dann ist uns allen für immer und ewig – so der oder die oder das Gott will – geholfen. Denn damit werden die Männer entmachtet, und das Göttliche findet seinen weiblichen Platz in der Welt. Das fiel unserer Familienministerin übrigens ein, während sie ihrer kleinen Tochter abends im Bett aus einem Kinderbuch vorlas. Wow! Die Frau hat Visionen! Darauf wäre ich nie und nimmer im Leben gekommen, dass so ein kleiner Artikel vor dem Wort Gott echt einen Rieseneinfluss auf mein Leben mit Kindern haben könnte. Da können wir uns den kleinlichen politischen Reststreit über Steuerbenachteiligung von Alleinerziehenden, die Altersarmut von Müttern oder den Ausbau von Kitaplätzen sparen. Vielleicht hat unsere Ministerin bald auch noch mehr Visionen, vielleicht sollten wir den grammatikalischen männlichen Artikel im Deutschen überhaupt abschaffen, also den Tisch, den Mond und den Kindergarten umbenennen in das Tisch, das Mond und das Kindergarten. Dann gibt es vielleicht bald auch keinen Hunger und keine Kriege und keine Not mehr in der Welt.

Aber vorerst sollte es reichen, wenn Sie, liebe Leserin, ab morgen bei Ihren Kindern von »das Gott« sprechen – und schon putzt das Gott Ihre Küche, holt die Kinder nach einem überlangen Geschäftsessen vom Hort ab, pflegt die Schwiegermutter, kocht das Abendessen, macht die Steuererklärung, geht zu Elternabenden an die Schule und verbietet der Gisela den Mund. DAS Gott wird all Ihre Probleme lösen, Sie müssen nur an das Gott glauben!

18.

AMMENMÄRCHEN

● ○ ● ○ ● ○ ● ○ ●

Es war einmal eine Frau, die liebte ihren Mann und ihre Kinder so sehr, dass sie tagtäglich vor Glück nur so strahlte.

Schon beim Aufstehen morgens rief sie fröhlich: »Frühstück ist fertig, Lieblinge!« Wenn die Tochter beim Anziehen trödelte oder der Sohn nicht in die Schule gehen wollte, lächelte die Mutter gelassen und forderte die Kinder einfach noch einmal auf, sich anzukleiden oder keine Bauchschmerzen mehr vorzutäuschen. Wenn der Mann nörgelte: »Musst du unbedingt auch noch arbeiten?«, erklärte sie ihm gelassen, dass man ihren Verdienst bräuchte. Überging der Chef sie wieder einmal bei der Gehaltserhöhung, tröstete sich die Frau mit dem Durchschnittsverdienst aller anderen Mütter in Teilzeit. Streikten die Erzieherinnen im Kindergarten, organisierte die Frau einen Notdienst für Eltern. Und als die Schwiegermutter schlecht über sie sprach, überhörte die Frau es einfach und putzte stattdessen deren Küche.

Eines Tages kam eine gute Fee zu ihr hereingeschneit und fragte die glückliche Frau, was sie sich wünsche. Die Frau überlegte und überlegte, ihr fiel nichts ein. Der guten Fee dauerte das Grübeln schließlich zu lange (»Ich hab auch noch andere Kunden«), und sie flog davon.

»Mist«, ärgerte sich die Frau abends im Bett, »warum habe ich mir nicht gewünscht, dass wir reich werden und ewig leben?« Missmutig stand die Frau am nächsten Tag auf und servierte wortlos das Frühstück. Abends schnauzte sie Sohn und Tochter an, warum sie die Hausaufgaben noch nicht gemacht hätten. Als der Ehemann das Abendbrot bemängelte, stand die Frau auf und sagte frech: »Dann koch doch selber!«

»Endlich ist sie normal geworden«, freute sich die gesamte Familie, »und erdrückt uns nicht mehr mit ihrer erpresserischen Güte.« Und wenn sie nicht gestorben sind, dann leben sie noch heute.

19.

DER HAKEN

● ○ ● ○ ● ○ ● ○ ●

Isabella Boettinger lernte ich in der Kindergartenini kennen. Sie stellte sich am Elternabend vor und bewarb sich um einen Platz für ihre Zwillinge. Sie könne gerne, so Isabella, Elterndienste übernehmen und auch einmal extra kochen. Schließlich sei sie in der privilegierten Lage, nicht arbeiten zu müssen. Sie habe eine Wohnung von ihren Eltern geerbt, und ihr Mann sei Chefarzt einer großen Klinik. Sie arbeite zwar zwischendurch immer wieder freischaffend, um als Modedesignerin nicht selbst aus der Mode zu kommen, aber das sei mehr ein Luxus, um den sie wohl viele beneiden würden.

Wow! Isabella Boettinger machte Eindruck. Wer gibt schon zu, so privilegiert zu sein und sich deshalb für die Gemeinschaft einsetzen zu können? Und gutaussehend und als Modedesignerin perfekt gekleidet war sie auch noch.

»Die muss doch einen Haken haben!«, kam es prompt nach dem Vorstellungsgespräch von den typischen zwei Miesmacher-Eltern, die zu einer Ini offenbar gehören wie zweistündige Diskussionen über die Anschaffung eines Putzeimers für 1,99 Euro (»Ist das nicht ökologischer Irrsinn?«).

»Wenn die so reich ist, warum hat sie dann kein Kindermädchen?«

»Hat sie doch gesagt! Sie möchte ihre Zwillinge in ein gutes Geflecht sozialer Beziehungen einbinden.«

»Wie die sich schon ausdrückt ... Wirkt einstudiert und nicht authentisch!«

Ausnahmsweise meldete ich mich einmal in der Ini entschieden zu Wort. »Jetzt hört doch mal auf, immer die Menschen zu beurteilen. Die Frage ist doch, ob die Familie zu uns passt oder nicht. Und ein freiwilliges Angebot zu Elterndiensten finde ich mehr als prima!«

Wer als Mutter zwar alles für das Kind, aber nichts mehr für sich tun möchte, dem sei überhaupt eine Elterninitiative oder ein Kinderladen empfohlen. Stundenlange basisdemokratische Debatten über Putzpläne, die Aufnahme neuer Eltern oder Anschaffungen brechen mindestens einmal im Jahr wie die obligatorische Erkältungswelle aus. Der bessere Betreuungsschlüssel der Privateinrichtung korreliert garantiert irgendwann eindeutig mit einem schlechteren eigenen Betreuungsschlüssel für die Kinder daheim, weil ein Elternteil so viel Zeit mit der Ini verbringt, dass ein Halbtagsjob dafür noch gering angesetzt wäre. Aber das ist eine andere Geschichte und nicht die von Isabella.

Tatsächlich übernahm Isabella vorbildlich Elterndienste und sprang in Krankheitsfällen für andere beim Kochen ein. Da unsere Kinder sich schnell anfreundeten, hatten wir bald auch privat Kontakt, denn es gibt nichts Praktischeres als vier Kinder, die fast streitlos miteinander spielen und den Müttern gemütliches Kaffeetrinken erlauben.

»Wow«, dachte ich wieder, als ich Isabellas Wohnung zum ersten Mal betrat. Zweihundert Quadratmeter Großstadt stilvoll eingerichtet und blitzblank sauber. »Das geht nur mit einer Zugehfrau, die kommt jeden Tag drei Stunden«, beantwortete Isabella meine Frage, noch ehe ich sie gestellt hatte.

»Warum sind die so reich und wir so arm?«, fragte Lukas nach dem ersten Besuch auf dem Heimweg.

»Arm sind wir auch nicht gerade«, entgegnete ich.

»Das ist ungerecht!«, so Lukas weiter.

»Die Welt ist manchmal ungerecht! Aber meistens gibt es bei den Reichen auch einen Haken.«

»Welchen?« Lukas ließ nicht locker.

»Na ja …«, überlegte ich mir eine kindgerechte Antwort. »Ja, zum Beispiel ist der Papa bei denen kaum zu Hause und immer in der Arbeit, damit sie so viel Geld haben.«

»Aber unser Papa ist auch immer in der Arbeit, und wir haben trotzdem nicht so viel Geld.«

»Nein, deren Papa ist noch viel mehr in der Arbeit«, versuchte ich es weiter.

»Haben die noch mehr Wochenenden als wir?«, fragte Eva.

»Wieso? Das hat doch nichts mit Geld zu tun?«

»Unser Papa arbeitet immer am Wochenende. Wenn deren Papa noch mehr arbeitet, dann haben die mehr Wochenenden«, erklärte Eva.

»Schwachsinn«, widersprach Lukas seiner Schwester, und der anschließende Streit der beiden brachte mich aus meiner Erklärungsnot.

Warum suchte ich jetzt eigentlich auch einen Haken wie die Miesmachereltern der Ini? War ich im Grunde nicht einfach ein klein wenig – oder gar nicht so ein kleines Wenig – neidisch auf die Familie, die bestimmt nicht am Monatsende durchrechnen musste, ob ein Restaurantbesuch noch möglich war? Wenn Isabella wenigstens noch arrogant oder asozial gewesen wäre, dann hätte ich mir wenigstens sagen können, na ja, dafür hat sie eben »Sozialprobleme«, aber nein, Isabella unterstützte mich im Gegenteil vorbildlich, wenn der Chef unerwartet plötzlich Überstunden forderte, wenn die Ini wegen Läusen geschlossen hatte (»Geh ruhig unbesorgt arbeiten, deine Kinder können gerne zu uns kommen«) oder nachdem ich ihr geklagt hatte, manchmal einfach überfordert zu sein (»Jetzt gönn dir ein paar Stunden Auszeit für dich, leg dich in die Badewanne oder geh zum Friseur. Ich mach mit allen vier Zwergen einen Ausflug.«).

Auch die Eltern der Ini konnte Isabella bald für sich einnehmen, da sie irgendwann freiwillig das Kochen für die ganze Gruppe übernommen hatte (sonst wurde reihum von uns Müttern gekocht, je nach Kinderzahl war man also jeden 14. oder 16. Tag für die Versorgung der Kids zuständig). Isabella aber meinte, sie hätte die Zeit und auch das Geld, die Kinder jeden Tag mit einer frischen Mahlzeit ausschließlich aus Bioprodukten zu versorgen, das mache ihr Spaß. Außerdem informiere sie sich täglich ganz genau via diverse Internetseiten über die jeweiligen neuesten Erkenntnisse der Ernährungswissenschaftler zu gesundem Essen.

Wow! Was für ein Glücksfall war Isabella Boettinger! Jede Familie sparte durch die Kochübernahme Geld und jede Mutter eine Menge Zeit. Die ganze Ini profitierte zudem, weil endlose Diskussionen, ob jetzt ausschließlich mit Bioprodukten gekocht werden dürfe oder nicht, plötzlich nicht mehr auf der Tagesordnung standen. Alle freuten sich – keiner erkannte den Haken.

Von einem Tag auf den anderen waren Isabella und die Kinder plötzlich verschwunden. Isabellas Ehemann informierte die

Erzieherinnen knapp mit einem vage gestammelten »Umzug«. Das konnte aber nicht stimmen, sah ich doch ein paar Mal Isabellas Mann noch in die Wohnung gehen. Erst einige Monate nach dem plötzlichen Verschwinden von Isabella und den Kindern parkten Umzugswagen vor der 200-Quadratmeter-Wohnung. Zufällig kamen ich und die Kinder vorbei.

»Sind die jetzt tot?«, fragte Eva.

»Nein, haben wir doch schon gesagt, weggezogen, jetzt holen sie wohl die Möbel nach«, erklärte ich.

»Schwachsinn!«, schimpfte Lukas.

»Red deine Schwester nicht immer so an!«, ermahnte ich meinen Sohn.

»Nein, Schwachsinn, das mit dem Umzug. Das können sie kleinen Kindern erzählen, aber mir doch nicht!«, erklärte mein damals Sechsjähriger.

Ich blickte ihn fragend an.

»Ich hab bloß gesagt, was der Papa gesagt hat.«

»Aha.« Seit wann sprach mein Mann über die Boettingers? Hatte er überhaupt mitbekommen, dass wir befreundet gewesen waren?

»Aber natürlich, Schatz«, entgegnete mein Mann später auf meine Nachfrage. »Ich war doch einmal mit dem Boettinger und den Kindern auf dem Spielplatz.«

Hm, hatte ich gar nicht mitbekommen. Musste wohl an dem Tag gewesen sein, als ich in der Badewanne lag und dann ins Kino ging. Ach ja, ich erinnerte mich wieder. Mein Mann hatte die Kinder zu den Boettingers gebracht und von einer netten Unterhaltung mit IHM erzählt.

»Ich hab mir damals schon gedacht, da muss es einen Haken geben«, erklärte mein Mann. »Und jetzt, dieses Verschwinden von einem Tag auf den anderen und der Umzug, das ist doch irgendwie recht komisch.«

Wochen oder Monate rätselten wir immer wieder einmal darüber, was wohl vorgefallen war. Die wahrscheinlichste Variante war eine Trennung. Bestimmt war Isabella einfach mit den Kindern abgehauen, und er wollte das nicht zugeben. In Frage kam auch noch die länger geplante und verheimlichte Absicht, auf eine Südseeinsel auszuwandern, von der man uns nur deshalb nichts verraten hatte, damit unsereiner nicht neidisch würde. Eine Familientragödie mit Mord wurde sofort wieder verworfen – sonst hätte das ja in der Zeitung gestanden, und ER wäre nicht mehr auf freiem Fuß gesehen worden. Irgendwann vergaßen wir die Boettingers, die Kinder gingen mittlerweile schon auf eine weiterführende Schule, und nur noch mit einer Mutter aus der Ini hatte ich überhaupt noch sporadischen Kontakt.

Aber neulich habe ich Isabella Boettinger zufällig in der Stadt gesehen, perfekt gekleidet wie eh und je stand sie vor einer Nobelboutique und war gerade im Begriff hineinzugehen. Sie musste also immer noch sehr reich sein.

»Isabella!«, rief ich ihr zu.

Isabella drehte sich um und kam freundlich auf mich zu.

»Oh, wie schön, dich zu sehen!«, meinte sie, »hoffentlich geht es dir und der Familie gut!«

Nein, ich wollte ihr Verschwinden damals nicht so taktlos ansprechen, auch wenn ich natürlich wissen wollte, was damals eigentlich geschehen war. »Hast du Zeit auf einen Kaffee?«, fragte Isabella. Ich nickte und verschob scheinbar beiläufig via Handy einen wichtigen Termin.

Isabella Boettinger, so erzählte sie, sei schon lange vor dem plötzlichen Verschwinden mit einem Fuß in einem Abgrund gestanden, ob wir denn wirklich nichts davon gemerkt hätten? Eigentlich hätte alles schon nach der Entbindung der Kinder angefangen. Mit dem Stillen hätte sie begonnen, ganz genau auf ihre Ernährung zu achten. Nicht nur die üblichen Ratschläge der Experten wie nichts Blähendes zu essen hätte sie beherzigt, sondern Giftstoffe aller Art vermieden. Im Strunk von Kopfsalat beispielsweise steckten massenweise böse Nitrate, Trauben wären von Chemie überzogen und zu viel Salz in der Nahrung der Mutter verhindere eine Reifung des Gehirns der Säuglinge. Endlos, so Isabella, ließe sich diese Reihe fortsetzen. Wer erst einmal ein Gefahrenbewusstsein für Nahrungsmittel entwickelt hätte, so Isabella, dem eröffne sich eine unglaubliche Welt. Wer weiß schon, dass Kinder, wenn sie fünf Jahre konventionelles Fleisch essen, mehrere Antibiotika-Gaben in sich tragen? Wer weiß schon, dass auf harmlosen Tomaten gefährliche Keime nisten? Wer weiß schon, dass in Fischstäbchen gefährlichste Fettarten auf einen Angriff lauern? Dabei, so Isabella, hätte sie nur einen winzigen Ausschnitt an Beispielen gewählt, »Gemeinwissen«, das so durch alle Frauen- und auch sonstige Zeitschriften geistere. Manche Magazine oder Zeitungen seien in Anbetracht der ganzen Erkenntnisse deshalb auch dazu übergegangen, extra Wissensbeilagen einzuführen oder gar spezielle Gesundheitshefte extra herauszugeben. Das sei nun einmal so, aber wirklich schlimm sei eigentlich nicht die Informationsfülle und die »Wissenschaft für sich«, sondern die Publikation von sich in regelmäßigen Abständen völlig widersprechenden neuen Erkenntnissen.

Isabella rührte nachdenklich in ihrem Kaffee, sah offenbar mein verständnisloses Gesicht und kramte in ihrer Handtasche. »Hier«, sagte sie und zog zwei abgegriffene, ausgeschnittene Zeitungsartikel aus der Handtasche. »Beide Berichte erschienen am gleichen Tag.«

Ich überflog die Überschrift. »Zu viel Salz schadet Ihnen nachhaltig!«, lautete die eine. »Salzen Sie! Das hält gesund! Alles über Ernährungsirrtümer«, lautete die andere.

Ich nippte vom Kaffee und gab vor, die Artikel zu lesen, während meine Gedanken doch bloß zu einer ganz anderen Frage abschweiften: »Was hat das nur alles mit Isabellas Verschwinden zu tun?« Ich saß doch mit ihr nicht im Café, um über Ernährungsirrtümer unterrichtet zu werden, sondern um meine Neugier zu befriedigen.

»Hm … scheint wirklich ein schwieriges Feld zu sein«, bemerkte ich. »Kannst du dich noch an die ganzen Diskussionen darüber in der Ini erinnern?« Ha, was für eine geschickte Überleitung zum mir eigentlich wichtigen Thema war mir eingefallen!

»Du fragst dich bestimmt, was das alles mit meinem plötzlichen Verschwinden zu tun hat«, sagte Isabella freundlich.

Herrgott noch mal, wo lag der Haken dieser Person? Jahrelang hatte man sich nicht gesehen, und trotzdem blickte sie immer noch so einfühlsam auf ihr Gegenüber, dachte nicht bloß an eitle Selbstdarstellung, sondern versetzte sich auch in andere hinein.

»Ja.«

Immer, so Isabella, hätte sie versucht, die bestmögliche Mutter zu sein. Schon mit den Kindern im Säuglingsalter hätte sie begonnen, ganz genau auf eine gesunde Ernährung zu achten. Außerdem hätte sie alles vermieden, was die Kinder krank machen könne, also chinesisches Spielzeug, imprägnierte Möbel unbekannter Herkunft oder Kinderwagenfahrten an stark befahrenen Straßen. Die Verabreichung nicht natürlicher Medikamente oder Impfungen wagte sie stets erst nach genauer Abwägung des Nutzens oder Schadens. Urlaubsziele wählte sie nach der Luftqualität des Orts aus, die Belastung von Kinderschuhen mit Arsen maß sie selbst mit einem eigens aus den USA importierten Gerät, und manchmal besuchte sie extra Raucherkneipen mit den Kleinen, nachdem sie unter Verschluss gehaltene Studien fand, die nicht nur belegten, dass Passivrauch gar nicht schädlich sei, sondern im Gegenteil Kinder aus Raucherhaushalten viel seltener an Lungenkrebs erkrankten.

Isabella las populäre und wissenschaftliche Zeitungen und Zeitschriften, sie informierte sich über das Internet ausführlich und diskutierte in Foren heftig mit. Sie verwendete Ingwer in der Küche erst nach einem vierzehntägigen Studium seiner positiven und negativen Gesundheitswirkung, sie ließ sich unbelastete Stoffe für Kinderkleidung aus Island schicken und drei Mal einen vermeintlich belasteten Fußboden aus der Wohnung reißen. Als sie ihrem Mann eines Tages erklärte, dass er bei Benutzung seines Rasierwassers die Kinder nicht mehr umarmen dürfe, platzte diesem der Kragen und er setzte ihr das Messer auf die Brust: Entweder sie würde endlich wieder normal und vernünftig, entweder sie würde endlich mehr für die Kinder sorgen, als ihre Zeit mit »Informationsbeschaffung« zu verbringen, entweder sie würde endlich »wie eine normale« Mutter einfach »normal leben« – oder er würde die Behörden einschalten und sich samt Kindern von ihr trennen.

Verzweifelt hätte Isabella daraufhin nach einem Ausweg gesucht, um weiter die Gesundheit ihrer Kinder bestmöglich weiter zu schützen und zugleich vor ihrem Mann den Anschein von Normalität zu erwecken. Denn was – so dachte Isabella damals panisch – sei noch schlimmer für die gesunde Entwicklung der Kleinen als eine Trennung der Eltern?!

Just zu diesem Zeitpunkt sei sie auf unsere Elternini gestoßen, in deren Flyer ausdrücklich von gesundem Wachstum der Kinder die Rede gewesen war. Unsere »völlige Inkompetenz« in Gesundheits- bzw. Ernährungsfragen hätte sie zwar auf den ersten Blick sofort erfasst, aber genau gewusst, wie sie dagegen vorgehen könne – mit großzügigen Spielzeugspenden, »anonymen« Fördergeldern für einen neuen Bio-Anstrich der Wände und der Bereitschaft, selbst jeden Tag zu kochen, um nicht bei Adam und Eva mit Erklärungen beginnen zu müssen. Von Vorteil sei dabei natürlich gewesen, finanziell und zeitlich so unabhängig zu sein. Wobei, wenn sie ehrlich zurückblicke, hätte sie wahrscheinlich ihre Arbeit nicht wegen der Kinder, sondern wegen der damals sich schon deutlich abzeichnenden »psychischen Schwierigkeiten – um das mal so zu nennen –« aufgegeben. Ihr ganzes Leben sei eigentlich nur noch von der Frage bestimmt gewesen, wie sie die Kinder gesund weiter auf ihren Weg bringen könne. Ihr ganzes Denken hätte sich nur noch um die richtige Auswahl von Nahrungsmitteln und Medikamenten sowie das richtige Ausmaß von Bewegung gedreht. In der Ini sei das nicht weiter aufgefallen, weil im Grunde der ganze Mittelstand sich mit »Gesundheit« der Kinder gegen »prollige Unterschichten« abzugrenzen versuche, aber den Eltern dann doch die entsprechenden Mittel und die Zeit fehlten, um aus der Lebenshaltung eine »Wissenschaft« zu machen, so wie sie. Insofern sei die Ini zwar eine gute Wahl, aber ein weiterer Schritt in ihr Unglück gewesen, wobei Unglück der falsche Begriff sei, sie hätte sich das ganze Desaster schon selbst zuzuschreiben.

Und, so Isabella weiter, da ich mich bestimmt immer gefragt hätte, wo der Haken bei ihr und ihrer Familie läge, wolle sie das nun endlich beantworten, sie hätte einfach zu viele Möglichkeiten gehabt, auf die ganze panische Gesellschaft, wie wir sie mit unseren Kindern durch die ganzen Horrorszenarien vorfinden, zu reagieren, dummerweise hätte der Reichtum ihr dies aber ermöglicht, wobei sie keineswegs sagen wolle, arm mache glücklich, aber zu reich mache eben doch bisweilen auch unglücklich, ach was, Blödsinn, nur in ihrem Falle träfe dies zu, sie könne nicht verallgemeinern. Hätte sie nämlich arbeiten müssen, hätte sie ihre fixen Ideen zur Gesundheit gar nicht weiter so intensiv verfolgen können und hätte wie ich auch in Zeitnot zwischen Job, Familie und Kindern einfach auch in einem x-beliebigen Supermarkt nach einem x-beliebigen Produkt gegriffen, völlig naiv und ohne jedes Hintergrundwissen, das, wie sich jetzt herausstellte, eben eigentlich auch nur ein Scheinwissen ist, aber damals eben, so Isabella, für sie immer tagesaktuell so wichtig war, je nach »Börsenkurs von Bio oder EHEC«.

Ich rührte in meinem Kaffee und schlürfte ihn aus. Mit Isabella stimmte etwas nicht. Sagten doch schon immer alle. Ich sollte versuchen, doch noch zu meinem wichtigen Termin zu kommen.

»Langer Rede kurzer Sinn«, meinte Isabella und nahm die beiden Artikel über Salz wieder an sich und steckte sie in ihre Handtasche. An dem Tag, als die sich widersprechenden Artikel gleichzeitig erschienen, sei etwas in ihrem Kopf durchgeknallt. Ihr Mann, der Chef einer großen psychiatrischen Klinik, hätte noch bei ihrer Lektüre am Frühstückstisch bemerkt, dass es nun einen Notarzt brauchte, da er selbst als Angehöriger weder eine gute Diagnose erstellen noch seine

Frau adäquat behandeln könne. Sie selbst, so hätte man ihr hinterher berichtet, hätte den Sanitätern und dem Notarzt dauergrinsend erzählt, dass ihnen das Weltende via Hühnerfleisch schneller als gedacht bevorstünde. Sie sei in eine renommierte Klinik eingeliefert und die Kinder zur Oma in eine 500 Kilometer entfernte Stadt gebracht worden. Zunächst gab man ihr Pillen, dann begann eine lange Therapie, in deren Verlauf sie gelernt hätte, dass nicht sie spinne, sondern die Gesellschaft in ihrem »Gesundheitswahn mit Kindern«. Das würde ich jetzt vielleicht nicht so nachvollziehen können, auch ihr Mann hätte nach wie vor Schwierigkeiten damit, aber die Kinder wüchsen mittlerweile gut heran, sie lese nie wieder Zeitschriften zum Thema, sie hätte auch überhaupt keine Zeit mehr dafür, da sie eben eine Edelboutique mit eigenem Label eröffnet hätte und damit von solchen »Luxusproblemen« abgelenkt sei, sie also mitten im Leben, dem der Arbeit nämlich, stünde, und sich ums Geschäft kümmern müsse. In alter Dankbarkeit um meine Freundschaft würde sie mich jetzt aber gerne mitnehmen und mich ein Kleid nach meiner Wahl aussuchen lassen. Denn als sie mich wiedergetroffen hatte, hatte sie nicht irgendeine Nobelboutique besuchen, sondern ihren eigenen Laden betreten wollen.

Seit gestern besitze ich deshalb ein 2000-Euro-Kleid. Es ist aus ökologisch nicht weiter überprüfter Seide gefertigt. Isabella hat mir zudem einen Geldschein in die Hand gedrückt, um mit meinem Mann die Gelegenheit zu finden, das Kleid auch entsprechend »auszuführen«, denn sie kenne ja die finanzielle Not normaler Familien. Also auch bei guter eigener psychischer Gesundheit war Isabella schon wieder so hakenlos beneidenswert mitmenschlich. Wie kann man als normale Mutter dagegen nur bestehen?

Eigentlich wollte ich Isabella bald wieder besuchen und mich noch einmal bedanken. Aber gestern kam ein Päckchen von ihr mit einem Brief und zahllosen Artikeln von Zeitschriften und Zeitungen zum Thema Gesundheit bei Kindern. Sie vertraue mir ihre ganzen Belege an, so Isabella, denn es sei damit zu rechnen, dass ihr Mann sie bald wieder einweisen werde. Sie selbst schwanke in der Beurteilung ihrer Lage hin und her. Einerseits seien all diese Gefahren ja höchst real, aber andererseits gäbe es vielleicht auch ein Leben trotz dieser Gefahren. Ich solle mir doch selbst ein Bild machen, so viele Artikel könnten doch nicht lügen.

Ich machte mir selbst ein Bild, las Isabellas Ausschnitte NICHT, sondern recherchierte – laut einer Studie des Müttergenesungswerkes stieg die Zahl der psychischen Erkrankungen von Müttern in den vergangenen acht Jahren *infolge der nicht zu erfüllenden Ansprüche* um ein Drittel. Isabella Boettinger ist also in guter Gesellschaft.

20.

IM FRÜHTAU ZUR SCHULE
WIR ZIEH'N, FALLERA

● ○ ● ○ ● ○ ● ○ ●

Ich werde hier jetzt mal was zugeben, was ich wahrscheinlich irgendwann bitter bereuen werde: Ich bin ein absoluter Morgenmuffel. Vor zehn Uhr morgens nicht ansprechbar. Vor zehn – oder sagen wir mal – neun Uhr morgens bin ich übellaunig, übelriechend und übersensibel. Die Welt ist einfach noch nicht meine. Ich will im Schlafanzug oder Schlabberklamotten rumschlurfen, in Ruhe meinen Tee trinken, etwas Zeitung oder Zeitschrift lesen, die Augen auf Halbmast, das Gehirn mehr oder weniger ausgeschaltet und die Rollläden noch halb zu, selbst wenn draußen strahlender Sonnenschein ist.

Das ist einfach so, und seit ein paar Jahren weiß ich auch, warum das so ist: Ich bin eben eine Eule. Das ist genetisch bedingt. Daran kann ich echt nichts ändern (und Schatz, falls du das liest, ich bin deshalb auch nicht wirklich verantwortlich dafür, dass ich dich gestern um 7.03 Uhr angeknurrt habe, weil du wissen wolltest, wo um alles in der Welt ich schon wieder den Autoschlüssel hingelegt habe).

Wie Sie dem letzten Satz entnehmen können, ist mein Mann leider eine Lerche.

Das völlige Gegenteil von mir.

Das ist beziehungstechnisch, wie man sich denken kann, nicht einfach, aber hier nicht das Thema. Und wir sind sicher nicht das einzige Paar, das so unterschiedlich in seinem Rhythmus ist. Die Menschheit splittet sich insgesamt in Eulen und Lerchen. Das haben Wissenschaftler festgestellt.

Die Eulen – so wie ich – sind nachtaktiv, gehen am liebsten spät bis sehr spät ins Bett und sind dafür am Morgen – so wie ich – unerträglich.

Die Lerchen hingegen sind das genaue Gegenteil, um sechs Uhr schon Frühstück gemacht, die Zeitung gelesen und eine Runde im Park gejoggt, strahlen sie dich voll guter Laune an, während du versuchst, dich hinter der Zeitung zu verstecken und heimlich weiterzuschlafen. Dafür machen sie ab zehn Uhr abends schlapp, wenn du gerade überlegst, was du mit dem Rest des Tages nun anfangen könntest.

Wenn man eine Eule ist, so wie ich, ist das Leben als Mutter kein einfaches.

Gemein ist nicht nur, dass ich morgens vor zehn auch aussehe wie eine Schleiereule, ich bestehe nur aus dunklen Augenringen, vor denen ich selbst erschrecke.

Gemein ist auch, dass Babys (und Arbeitgebern, was vielleicht im Endeffekt auf das Gleiche rauskommt) der Biorhythmus der Mutter einfach völlig egal ist, sie haben ihren eigenen bzw. gar keinen Rhythmus.

Also völlig egal, ob man Eule oder Lerche ist, wenn man ein Baby hat, muss man als Mutter zu jeder Tages- und Nachtzeit funktionieren. Sonst wird von dem Baby sofort der Alarm eingeschaltet – aber hallo!

Mit steigendem Alter des Kindes findet sich dann langsam ein Schlafrhythmus, der sich – und das wissen erfahrene Eltern – allerdings im Laufe der Jahre auch wieder ändert.

Kleinkinder sind wie Babys: eindeutig Lerchen.

Um fünf Uhr morgens wollen sie mit Mama oder Papa unbedingt Lego spielen, was vorgelesen kriegen oder springen gleich mit Karacho ins Bett und drücken einem völlig verschlafenen Elternteil sanft eine Tube Zahnpasta ins Ohr. Gar nicht so schlecht übrigens, das mit der Zahnpasta, dann hört man das Geschrei weniger. Das eigene allerdings auch.

Und dann beginnt für alle Kinder und alle Eltern irgendwann die Schule. Und damit kann man ein sehr erstaunliches Phänomen beobachten:

Alle Schulkinder sind Eulen.

Ausnahmslos.

Am Abend nicht ins Bett zu kriegen. Und am Morgen nicht heraus.

Während man früher ständig von einem Kleinkind aus der Tiefschlafphase gerissen wurde, muss man jetzt sein Kind aus der tiefsten REM-Phase wach rütteln.

Hopphopp! Zackzack! Jetzt aber dalli! Flottikarotti! Nun mach schon! Anziehen! Frühstücken! Brotzeit einpacken! Alles im Schulranzen?! Auf, auf! Los geht's! Du kommst schon wieder zu spät!

Millionen von Schulkindern und Millionen von Eltern erleben jeden Morgen in Deutschland das Gleiche: ein Drama. Ein Trauerspiel. Ein Kampf gegen die Natur und den Biorhythmus.

Denn in Deutschland beginnt die Schule um 8.00 Uhr. Morgens.

Warum eigentlich?

Schlafforscher und Psychologen fordern schon lange einen späteren Schulbeginn. Denn wenn Schulkinder in der Grundschule schon Eulen sind, dann sind Pubertierende Mega-Eulen. Für Pubertierende müsste die Schule wahrscheinlich mittags um 12.00 Uhr beginnen. Oder noch besser um 14.00 Uhr. Aber das ist nicht besonders praktikabel.

Aber warum können wir hier in Deutschland die Schule nicht um 8.30 Uhr beginnen lassen? Oder 9.00 Uhr? Oder gar – wie vermessen – um 9.30 Uhr? In anderen Ländern ist das doch auch möglich. Für Kinder, deren Eltern ihren Nachwuchs wegen frühem Arbeitsbeginn um 8.00 Uhr schon in die Schule bringen müssen, ließe sich doch eine Betreuung organisieren – vielleicht einfach ein Schlafsaal oder ein Matratzenlager? Und alle könnten noch mal schlafen, schlafen, schlafen. Und wären gut gelaunt und fit im Unterricht.

Eine amerikanische Studie mit über 10 000 jugendlichen Schülern hat belegt, dass schon ein um eine Stunde nach hinten verschobener Unterrichtsbeginn sich ungemein positiv auswirkt, auf den Schlafhaushalt und sogar auf die Gesundheit.

Manche Schlafforscher sagen sogar, Kinder seien morgens um acht so leistungsfähig wie nachts um zwölf.

Dabei haben diese Schlafforscher so Eulen-Mütter wie mich noch gar nicht untersucht.

Der Biorhythmus von Kindern und Jugendlichen (und Müttern) lässt sich nicht so einfach wegdiskutieren. Er ist einfach da. Wie leider auch der typisch deutsche Schulbeginn um 8.00 Uhr. Früher ins Bett gehen – ein sehr beliebtes Argument der Anhänger des 8.00-Uhr-Schulbeginns – hilft übrigens nicht. Aus einer Eule lässt sich nicht einfach eine Lerche machen. Eulen können nicht einfach früher einschlafen.

Und dafür brauche ich keine Studie: Meiner Gesundheit schadet das frühe Aufstehen tatsächlich. Ich war heute früh, als ich Sophie eine Brotzeit gemacht habe, noch so verpennt, dass ich mir fast den Finger abgeschnitten habe.

Höchste Zeit, dass es Ferien gibt und alle wieder ausschlafen können. Dann bin ich vielleicht auch so fit, dass mir ein ausgeschlafener Plan einfällt, wie man genügend Eltern und Schüler zusammentrommeln kann, um den 8.00-Uhr-Schulbeginn in Deutschland endlich etwas nach hinten zu verschieben. Schließlich gelten Eulen ja nicht nur als sehr verpennte, sondern auch als sehr weise Vögel.

21.

DER REICHTUM, DER ARM MACHT

●○●○●○●○●

Vor kurzem habe ich einen Zeitungsartikel gelesen – irgendwo, ich weiß nicht mehr genau, wo. Wahrscheinlich beim Zahnarzt. Sonst kommt man als berufstätige Mutter ja nie dazu, irgendwas zu lesen, was nicht der Bankauszug ist und trotzdem länger als fünf Zeilen.

Also, in dem Artikel stand, dass Dyskalkulie bei Kindern in erschreckendem Ausmaß zunimmt, gerade in Deutschland.

Für alle, die jetzt nicht so genau wissen, was Dyskalkulie ist: Dyskalkulie ist eine Beeinträchtigung des arithmetischen Denkens bei Kindern, Jugendlichen oder Erwachsenen.

Kurz und vereinfacht gesagt: Es gibt Probleme beim Rechnen. Das ist so ähnlich wie Legasthenie, nur mit Zahlen statt mit Buchstaben.

Also, mal ganz ehrlich, mich hat das so gar nicht gewundert, dass hierzulande mittlerweile immer mehr Kinder ein Problem mit dem Rechnen haben. Das ist quasi genetisch bedingt. Diese Rechenschwäche wird von Generation zu Generation weitervererbt.

Denn wer sich heutzutage entschließt, eins oder mehr Kinder in die Welt zu setzen, kann offensichtlich nicht rechnen.

Und wer rechnen kann, setzt keine Kinder in die Welt. So ist das.

Damit ist Dyskalkulie bei den wenigen Kindern, die wir hier noch haben, ja nun mal wirklich vorprogrammiert.

Denn Kinder sind so ziemlich das Teuerste, was man sich anschaffen kann. Ein Porsche ist nix dagegen.

Man muss sich das nur mal so grob vorrechnen:

1. Grundkosten

Ein Kind großzuziehen kostet ungefähr so viel wie ein kleines Einfamilienhaus (nun gut, nicht gerade in München oder Hamburg, aber für ein Häuschen in Kleinblimmersdorf reicht es schon). Und damit sind jetzt mal in der Hauptsache so Sachen gemeint wie Haltung und Unterkunft. Jede Menge Windeln, ab zu ein paar neue Schuhe, mehrmals in der Woche Fußball- / Hockey- / Gitarren- / Reit- / Ballettunterricht, Nachhilfe, ein neues Handy dann und wann, echt coole Klamotten und diverse Schulausflüge und Pausenbrote summieren sich auf die Dauer von mindestens achtzehn Jahren.

Gefolgt wird das Ganze dann, je nachdem, noch von Studium, Ausbildung, Auslandsaufenthalten und einem »Ich muss jetzt nach dem ganzen Schulstress echt mal Abchillen«-Jahr direkt nach dem Abitur, das komischerweise statt zwölf insgesamt neunzehn Monate umfasst.

So viel zu den Grundkosten.

Und jetzt kommen wir zu den Nebenkosten. Wie wir alle wissen, sind die Nebenkosten in den letzten Jahren erheblich gestiegen:

2. Nebenkosten Kind Posten A:
Verdienst- und Karriereverlust eines Elternteils

Gut. Es gibt die Mütter oder Väter, die trotz drei wundervoll geratener Kinder beide voll berufstätig sind und einen supertollen Job haben, mit dem sie ein Schweinegeld verdienen. Dieses Schweinegeld wird dann zum großen Teil für externe Kinderbetreuung und zur Beruhigung des eigenen schlechten Gewissens wegen permanenter echter oder eingebildeter Kindesvernachlässigung ausgegeben. Diese Eltern gibt es. Sie sind eindeutig in der Minderheit.

Im Normalfall ist es eher so, dass irgendeiner von den Eltern (meistens die Mutter) nicht mehr wirklich so ganz toll an der eigenen Karriere arbeiten kann und sich nach völlig zerrissenen Zeiten des absoluten Spagates zwischen Kind und Karriere kurz vor dem totalen Burn-out dann doch für einen Halbtagsjob entscheidet. Das heißt: Einer von beiden verdient weniger als vorher. Ausrechnen, wie hoch dabei die finanziellen Einbußen sind, muss sich das jetzt jeder selbst. Ich weiß ja nicht, was Sie gerade so verdienen.

3. Nebenkosten Kind Posten B:
Mama zahlt drauf

Ja, liebe Mit-Mamas, machen wir uns da mal nichts vor.
Ab hier wird es ziemlich unlustig. Frauen, die gerade schwanger sind, sollten das Buch jetzt vielleicht doch lieber weglegen und in ein paar Jährchen wieder rausholen.
Wenn man als Frau heutzutage ein Kind bekommt, begibt man sich in jeder Hinsicht auf unbekanntes Gebiet. Kinder sind der große Faktor X des Lebens. Einfach nicht berechen-

bar. Das ist grundsätzlich wunderbar, weil man das Leben nämlich sowieso nicht berechnen kann, was einem mit Kind täglich vor Augen geführt wird. Leider trifft das aber auch in finanzieller Hinsicht zu.

Wenn die Ehe oder Partnerschaft mit Kind in die Brüche geht – und das passiert nun mal bei fast der Hälfte aller Ehen und Beziehungen –, steht man als Mutter ganz schnell finanziell sehr schlecht da. Zumal, wenn man keinen gut bezahlten Vollzeitjob hat (und den haben nun mal die wenigsten Mütter – zumindest die mit kleinen Kindern, siehe Punkt 2., Nebenkosten Kind Posten A).

Und das Gros der Alleinerziehenden stellen immer noch die Mütter – in neun von zehn Fällen.

Der Gesetzgeber geht ja mittlerweile davon aus, dass die Ehe kein Versorgungsinstrument mehr ist. Schön und gut – ich dachte bisher eigentlich, dass die Ehe sehr oft dazu dient, die Männer und die Kinder mit Futter, frisch gewaschener Wäsche und geputzten Zimmern zu versorgen –, aber wenn sich das endlich mal ändert, ist das natürlich auch gut.

Das geänderte Gesetz fordert mehr Eigenverantwortung, vor allem von den Frauen – die tragen ja auch sonst kaum etwas – weder gesellschaftliche Verantwortung noch schwere Einkaufstüten oder Kleinkinder.

Der Ex-Mann / Vater muss nur noch bis zum dritten Lebensjahr des Kindes Unterhalt für die Frau bezahlen. Danach nur noch für das Kind. Wenn das Kind drei ist, sollte es in eine Kita gehen, damit die Mutter zumindest Teilzeit arbeiten kann. Für geschiedene, alleinerziehende Mütter bedeutet diese neue Regelung eine komplette Änderung.

Dass das für die getrennten, alleinerziehenden Mütter von dreijährigen Kindern alles überhaupt kein Problem darstellt, ist ja wohl klar. Mütter mit dreijährigen Kindern können problemlos Halbzeit – warum eigentlich nicht auch gleich Vollzeit? – arbeiten gehen. Schließlich gibt es überall ausreichend qualifizierte und wunderbare Kitas, die den berufstätigen Müttern geradezu hinterherjagen, um ihnen die Kinder abzunehmen.

Kinder werden auch nie krank und funktionieren überhaupt ganz wunderbar so, wie Gesetzgeber sich das vorstellen. Auch Arbeitgeber stehen total auf alleinerziehende Mütter mit Kleinkindern. Denn kaum ein anderer Arbeitnehmer ist derart belastbar und verdient dabei so wenig Geld wie Mütter.

Liebe Mitmütter, im Klartext heißt das:

Ein Kind zu bekommen erhöht das Armutsrisiko erheblich. Und das vor allem für die Frauen. Alleinerziehende haben das höchste Armutsrisiko in Deutschland.

Inzwischen leben 31 % aller alleinerziehenden Mütter überwiegend von staatlicher Hilfe.

Und das, obwohl gerade alleinerziehende Mütter überdurchschnittlich oft eine Vollzeitstelle haben oder eine suchen.

Ich kenne eine ehemalige, damals gut verdienende Produktmanagerin, die nach der Trennung mit zwei Kindern jetzt von Hartz IV lebt – und das bestimmt nicht, weil sie das so toll findet, sondern weil sie einfach keinen Job findet –, trotz super Qualifikation und langjähriger Berufserfahrung.

Jede Mutter, die heutzutage auf ihren Job ganz oder teilweise verzichtet, muss, wenn sie sich diese Fakten anschaut, schon wirklich an starker Dyskalkulie leiden.

Und wenn ich mir die Politik anschaue, werde ich das Gefühl nicht los, dass sie an den Bedürfnissen und Realitäten von Müttern ganz schön oft vorbeischießt.

Mütter haben einfach keine Lobby. Punkt.

Mütter sind anscheinend viel zu sehr damit beschäftigt, sich um ihre Kinder, anstatt um Politik zu kümmern. Das ist vielleicht ein Fehler. Politik wird in der Hauptsache immer noch von Männern gemacht. Oder von Frauen, die keine Kinder haben – Ausnahmen bestätigen die Regel. Sonst würden wahrscheinlich ein paar Gesetze anders aussehen. Vielleicht pragmatischer, lebensnaher und familien-, mütter- und alleinerziehendenfreundlicher. Was ist das für eine Politik, die steuerlich zwar ein Ehegattensplitting auch für kinderlose Ehepartner vorsieht, aber Alleinerziehenden diese massiven Steuervorteile nicht zugesteht?

Also ich bin der Meinung, dass alle alleinerziehenden Mütter einfach mal ihre Kinder – wenn sie krank sind oder sie mal wieder keinen Kitaplatz haben oder die Erzieherinnen streiken –, also, dass diese Mütter ihre Kinder einpacken und dem Gesetzgeber mal für vierundzwanzig Stunden auf den Schreibtisch setzen sollten. Damit diese Gesetzgeber mal sehen, wie einfach das doch ist, ganz alleine Kind und Job unter einen Hut zu bringen.

Ich habe übrigens von einer Mutter in München gehört, die, als sie keinen Kindergartenplatz bekommen hat, tatsächlich ins Münchner Rathaus spazierte und dort dem zuständigen Sachbearbeiter ihren dreijährigen Sohn auf den Schreibtisch setzte mit den Worten: So, ich gehe jetzt mal arbeiten – um 18.00 Uhr hole ich den Kleinen dann wieder ab.

Ich muss sagen, ich bewundere die Frau. Sie hatte Mut und hinterher – oh Wunder – einen Kindergartenplatz für ihren Sohn.

Nun, ich habe mir das natürlich nicht alles ausgerechnet, bevor ich Sophie auf die Welt gebracht habe. Und wenn ich ehrlich bin, selbst wenn ich es getan hätte – es wäre mir total egal. Wie gut, dass auch die meisten anderen Frauen ihre Kinder aus Liebe bekommen und Geld dabei keine Rolle spielt. Deutschland wäre sonst längst ausgestorben.

Kein Geld auf der Welt kann es aufwiegen, Mama zu sein und einem Kind beim Großwerden zuzuschauen. Auch wenn es für die Frauen ganz gut wäre, mal einen Blick auf die Zahlen zu werfen.

Gott sei Dank steht bei Wikipedia auch, dass Dyskalkulie nichts über die Intelligenz der Betroffenen aussagt. Oft befinden sich darunter sogar Menschen mit besonders hohem IQ. Wenn das kein Grund ist, sich hemmungslos weiter fortzupflanzen – Zahlen hin oder her.

22.

DIE EILIGE FAMILIE

●○●○●○○●

E inszweidrei im Sauseschritt läuft die Zeit, wir laufen
mit.« Das hat mal Wilhelm Busch (1832 – 1908) geschrieben. Ich möchte nicht wissen, oder vielmehr würde ich sehr
gerne wissen, was Wilhelm Busch zur unserer heutigen Zeit
schreiben würde.

Denn die Welt dreht sich immer schneller und schneller.

Vielleicht ist das auch nur mein subjektives Empfinden.

Manchmal wird mir regelrecht schlecht von dieser Beschleunigung und Geschwindigkeit, mit der sich alles dreht.

Aber ich glaube, ich bin da nicht die Einzige, der es so geht.

Meine Großmutter zum Beispiel ist nur ein paar Mal in ihrem
ganzen Leben aus ihrem kleinen Dorf rausgekommen. In die
nächstgrößere Stadt. Das war für sie jedes Mal fast eine Welt-
reise.

Meine Mutter dagegen ist zum ersten Mal geflogen, da war sie
über vierzig.

Ich habe zum ersten Mal das Meer gesehen, da war ich achtzehn und bin (völlig wahnsinnig) mit einer Freundin nach
Griechenland getrampt. Fliegen konnte ich mir damals einfach noch nicht leisten. Davon darf Sophie natürlich nie etwas

erfahren, sie kommt sonst noch auf dumme Gedanken, auf die sie allerdings auch von ganz alleine kommen kann.

Sophie war acht Monate alt, da war sie zwei Wochen im Urlaub mit uns in der Türkei. Mit Flug und Meer und allem. (Auch mit dem verzweifelten Versuch der Mutter, in der nächstgrößeren Stadt anständige Babynahrung zu finden, da am letzten Tag das letzte Gläschen ausging, obwohl es im Prospekt ausdrücklich hieß, in dem Familienhotel gäbe es so was problemlos zu kaufen. Aber das ist mal wieder eine andere Geschichte.)

Tja. So ist das – für die meisten unserer Großelterngeneration war eine Reise nach Italien schon ein ungeheures Unterfangen, und heute gibt es Kinder, die sind mit acht Jahren schon mehrfach um die Welt gereist und besitzen eine Platinum-Frequent-Traveller-Card. Und das sind wahrscheinlich nicht nur die Kinder von Brangelina.

Die Welt hat sich offensichtlich in ein Dorf verwandelt. Zumindest für viele Kinder der westlichen Hemisphäre.

Die anderen Kinder sitzen immer noch in ihrem Dorf in Afrika, bekommen von verseuchtem Trinkwasser Bauchweh und sind froh, wenn es überhaupt etwas zu essen gibt. Und Flugzeuge sehen diese Kinder ihr Leben lang nur von ganz unten.

Aber dass das so ist, ist schon wieder eine andere – und leider eine sehr, sehr traurige – Geschichte.

Dabei habe ich bei Sophie festgestellt: Sie reist gerne, aber nicht allzu oft. So ein-, zweimal im Jahr Urlaub reicht völlig aus. Ansonsten will Sophie lieber, dass alles so bleibt, wie es ist. Sophie will das Gewohnte, das Vertraute, das Ritual.

Und ich glaube, Sophie ist da wie die meisten Kinder.

Kinder schaffen sich, wenn sie die Gelegenheit bekommen

und nicht nur von außen zugedröhnt werden, ihre Aufregungen und Abenteuer noch selbst. Sie müssen dafür auch nicht bis nach Timbuktu auf Safari gehen oder in einem Club daueranimiert werden.

Und Kinder wollen wissen, woran sie sind. Sie wollen ihre gewohnten Spielkameraden. Sie wollen im gleichen Kindergarten bleiben. In der gleichen Schulklasse sein. Sie wollen – bis sie so flügge sind, dass sie wirklich in die Welt hinausgehen können –, dass alles möglichst gleich, stabil und verlässlich bleibt.

Das gibt Sicherheit.

Ich kann das gut verstehen.

Es ist ja nicht nur das Reisen, das sich ungemein beschleunigt hat – auch so ziemlich alles andere.

Zum Beispiel unsere Essgewohnheiten:

Fast Food – schnelles Essen –, auf so eine Idee muss man erst mal kommen. Es soll ja mittlerweile Kinder in Deutschland geben, die sich ausschließlich davon ernähren. Oder vielmehr davon ernähren müssen. Dreijährige können nun mal schlecht Spaghetti selbst kochen.

Aber die Beschleunigung der Kindheit hört bei Reisen und Essen noch lange nicht auf. Kinder müssen immer früher immer mehr können. Allein aufs Töpfchen gehen mit zwei. Tennisspielen mit fünf. Drei Sprachen mit sechs. Abitur mit siebzehn.

Manchmal habe ich das Gefühl, die moderne Kindheit ist eine einzige Rennerei. Die Kinder rennen. Die Eltern rennen.

Alles muss immer schneller, höher, weiter, besser sein.

Bin ich konservativ? Will ich einfach nur die Zeit zurückdrehen, was sowieso nicht funktioniert? Oder bin ich einfach schon zu alt für die Geschwindigkeit von heute?

Vielleicht.

Vielleicht will ich manchmal einfach nur innehalten.

Kinder sind Meister darin, innezuhalten.

Einfach im Moment zu sein und den zu genießen.

Nein, das ist kein Klischee. Das ist wirklich so.

Ein Schmetterling, der sich zufällig auf die Hand von Sophie setzt, birgt alle Wunder dieser Welt.

Und ich finde es großartig, sich Zeit für dieses Wunder zu nehmen. Schließlich ist Zeit das Kostbarste, was wir haben – und dazu zählt auch die Zeit mit den Kindern.

Denn einszweidrei im Sauseschritt saust die Zeit, und die Kinder sind erwachsen und reisen um die Welt. Heute London, morgen New York und dazwischen Rio. Nur zu Hause bei uns sind sie dann nicht mehr.

Aber vielleicht haben wir dann selbst wieder Zeit, im Garten zu sitzen und den Schmetterlingen zuzuschauen.

23.

AUF GROSSEM FUSS

●○●○●○●○●

Zu einem modernen Mütterleben gehört das Erlebnis »Schuheinkauf«. Nein, ich rede nicht davon, dass ich für meine lebenslang erträumten auberginefarbenen Lackstiefel sieben Stunden durch die Stadt renne. Ich spreche nur davon, dass meine Kinder im Sommer Sandalen und im Winter Stiefel brauchen.

Wir leben in Deutschland, das sei vorausgeschickt. Auch dass das sozialistische System der Planwirtschaft dem vergangenen Jahrhundert angehört. Und: Wir sind zwar nicht reich, aber wir verfügen über die Geldmittel, unseren Kindern ein den Jahreszeiten entsprechendes Schuhwerk von der Stange zu kaufen. Aber das sagt sich so leicht, theoretisch.

In der Praxis sieht das so aus, dass Eva sich erlaubte, im Februar eine Schuhgröße zu wachsen. Nicht dass Eva sich beklagt hätte, nein, in der Badewanne sah ich zufällig Blasen und Rotstellen an ihren Füßen.

»Was ist das denn?«, frage ich.

Schulterzucken.

»Tut das weh?«

»Ja, schon.«

Es ist immer wieder erstaunlich, wie unempfindlich und zugleich empfindlich Kinder sind. Wenn Evas Stofftierhund nachts plötzlich ohne Decke daliegt und Eva das bemerkt, brüllt sie durch Zimmerwände hindurch die ganze Familie wach: »Mama, Herry friert, kannst du ihn zudecken!?«

Mit Blick auf die Blasen an ihren Füßen in der Badewanne frage ich Eva: »Woher kommt das?«

Schulterzucken.

»Vielleicht sind die Schuhe zu klein?«, fragt mein Mann, der zufällig vorbeikommt. »Das war bei Lukas auch mal so, kannst du dich erinnern? Und die Kinder selber merken es nicht.«

Es ist immer wieder erstaunlich, an was sich Männer alles erinnern – und was sie vergessen. Dass ich heute ein Bewerbungsgespräch für einen doppelt so hoch dotierten Job hatte, ist meinem Mann komplett entgangen. An Blasen an Lukas' Füßen vor drei Jahren kann er sich aber offenbar sehr gut erinnern.

Na gut. Manchmal sind Ehemänner und Väter dann doch auch nützlich. Ich hielt die Stiefel von Eva an ihren Fuß – sie waren ganz offensichtlich zu klein. Das konnte ich mit bloßem Auge sehen. Von außen.

Gleich am nächsten Tag sagte ich den Erzieherinnen, dass ich Eva früher aus der Kita abholen würde, um mit ihr Schuhe kaufen zu gehen. Nach Büroschluss machte ich mich mit meiner Tochter auf den Weg in die Stadt.

»Ausverkauf« las ich im ersten Schuhladen. »Preise reduziert bis zu 50 Prozent.« Hui, schön, denn nur Kinderlose glauben, dass Kinderschuhe weniger kosten, nur weil sie kleiner sind.

In Evas Schuhgröße fand sich aber kein Winterschuh mehr. Auch nicht im nächsten Laden und auch nicht im übernächsten.

»Winterschuhe? Jetzt? Da sind Sie aber zu spät dran!«

Zur Erinnerung: Es war Februar, und draußen lag Schnee.

»Es wird doch sowieso bald Sommer«, meinte Eva irgendwann nach dem gefühlt 187. Laden. »Und bis dahin kann ich ja auch noch meine Gummistiefel anziehen. Ich will heim, Mama!«

»Kommt gar nicht in Frage, die sind nicht gefüttert, da holst du dir noch den Tod!«

»Ist der so schlimm?«

Auf manche Kinderfragen gibt eine Mutter keine Antwort, wenn sie zehn Minuten vor Hortschluss des Großen gestellt werden. Und schon gar nicht, wenn man mit Kind bereits Stunden durch die Stadt getigert ist, um an einem winterlichen Februartag Stiefel für eine ganz normal gewachsene Tochter zu finden.

»Da sind Sie aber spät dran!«, sagt auch die nette Verkäuferin des sündhaft teuren Kinderfachgeschäfts, in dem wir schließlich landen (die Erzieherinnen des Horts bat ich mittlerweile per Handy darum, Lukas doch alleine heimzuschicken). Die letzte Möglichkeit, heute noch etwas zu erstehen. »Wir haben eigentlich schon alles ausverkauft und die schöne neue Sommerware da, aber ich sehe mal, was noch im Lager in der Größe an Resten übrig ist.«

Die freundliche Verkäuferin bringt Stiefel im Leopardenmuster, Eva jubelt, noch ehe sie die Dinger anprobiert hat: »Die passen, die nehm ich, Mama!«

Dummerweise schmiegen sich die Stiefel mit Zehen-Tast-Test tatsächlich perfekt an die Füße meiner Tochter an.

»Ein Schnäppchen, kosten nur 180 Euro, für das echte Fell! Reduziert um die Hälfte.«

»180 Euro?« So viel hab ich noch nie in meinem Leben für

Schuhe ausgegeben, wohlgemerkt für an lebenslang nicht mehr wachsenden Füßen!

»Das ist zu viel, das sprengt unser Budget!«, bedauere ich.

Eva weint. »Du bist gemein, Mama, die Schuhe sind ein Traum!«

»Das ist einfach … einfach … viel zu teuer! Das geht einfach nicht, Eva!«

Warum hab ich, verdammt noch mal, nicht meine erste Liebe geheiratet, der war Millionär. Ist mein Mann nicht ein Versager, weil er es nicht schafft, so viel Geld zu verdienen, dass wir unseren Kindern den Jahreszeiten entsprechendes Schuhwerk kaufen können? »Dann sehen Sie mal, ob Sie woanders noch etwas kriegen!«, verabschiedet mich die freundliche Verkäuferin mit einem leicht zynischen Unterton. Und mit mitleidigem Blick verweist sie mich auf demnächst stattfindende Flohmärkte.

An was sich mein Mann alles erinnert, zum Beispiel, dass ich heute mit Eva Schuhe kaufen wollte.

»Wir haben nichts bekommen!«, erzähle ich. »Entweder war nichts mehr da, oder völlig überteuert.«

»Das kann doch nicht sein! Schau halt noch mal genauer und nicht bloß nach Schuhen für dich.«

Ich wundere mich darüber, dass nicht mehr Ehefrauen ihre Ehemänner umbringen, und schweige still.

»Bis zum Sommer ziehe ich die Gummistiefel an mit Socken, die ich bei dir gefunden habe«, sagt Eva am nächsten Morgen.

»Eva-Schatz, die Socken sind dir zu groß!«

»Gar nicht, schau mal!«

Eva zupft an der Ferse und »beweist« mir, wie die Socken passen und wie groß sie schon ist.

»Du kannst doch Eva im Winter nicht in Gummistiefeln herumlaufen lassen!«, empört sich mein Mann. »Ich verdiene doch genug, dass meine Kinder anständiges Schuhwerk tragen können!«

Nach Büroschluss fahre ich sofort in den Luxus-Laden und kaufe die Leopardenstiefel, damit sie nicht noch schnell wer anders kauft.

Eva jubelt und kündigt an, sie auch zu ihrer Hochzeit tragen zu wollen. Lukas will ein Computerspiel im Gegenwert.

Mein Mann fragt, ob ich meiner Tochter in diesem Alter wirklich schon beibringen möchte, wie man als Frau das Geld mit Schuheinkäufen auf den Kopf haut.

Ich wundere mich darüber, dass nicht mehr Ehefrauen ihre Ehemänner umbringen, und schweige still.

Zwei Wochen später entdecke ich zufällig wieder Blasen an den Füßen meiner Tochter. Ich könnte heulen, hab ich denn die Kinderfüße nicht genau ausmessen lassen und 180 Euro zum Fenster hinausgeworfen? Hat mein Mann nicht recht, dass ich als Frau bei Schuhkäufen viel zu leichtsinnig bin?

Die freundliche Verkäuferin des Fachgeschäfts nimmt die Stiefel nicht zurück, das ginge leider, leider nicht, aber sie könne mich trösten – es sei schon oft passiert, dass die Kinder innerhalb eines Monats, oder gar einer Woche, einen solchen Wachstumsschub machten, dass man mit dem Einkauf kaum mehr nachkäme. Weder sie noch ich hätten sich vermessen, ich solle beruhigt sein. Und als Trost hätte sie noch etwas für uns – Tigerstiefel, die seien zufällig heute im Lager gefunden worden, die Größe müsste genau richtig sein.

Die Stiefel passen wie angegossen, selbst mit Wochenwachstum bleibt noch etwas Luft beim Zehentest. Aber Eva geht nur widerwillig damit probehalber herum und heult sich schließlich die Augen aus dem Kopf. Lieber trage sie im Winter Sandalen als so altmodisches Zeug wie die Oma.

Gut, wenn sie meint. Ich kaufe ihr die Tigerstiefel NICHT und stattdessen die dicksten Socken, die ich auftreiben kann. Die kann sie in den Gummistiefeln tragen. Sie wird sich schon nicht die Zehen erfrieren. Ha, meine Oma, Kriegsgeneration, wäre froh um Gummistiefel mit dicken Socken drin gewesen! Und überhaupt gehört es sich für eine gute Mutter auch, bestimmte Wünsche der Kinder schlichtweg zu respektieren. Mir fallen noch tausend andere Argumente ein, übrigens auch, dass es unserer Ehe sicher guttut und eine Ehefrau ihren Mann nicht wegen eines Schuheinkaufs umbringt. Ganz wichtig bei allen Begründungen: was wir uns an Geld sparen! Mit dieser Summe kaufe ich mir nämlich morgen die auberginefarbenen Lackstiefel, die ich schon immer in meinem Leben haben wollte.

24.

BIOMOBBING

● ○ ● ○ ● ○ ● ○ ●

Ich habe eine Freundin, deren Kind wurde in seiner Schule, die in einer schicken Münchner Wohngegend liegt, schwer gemobbt, als es in der Pause öfter keinen Bio-Joghurt, sondern irgendeinen ganz »normalen« Joghurt dabeihatte. So einen, den man in jedem Supermarkt kaufen kann. Die anderen Kinder haben das Kind meiner Freundin ständig gehänselt und gesagt, dass die Kleine von diesem normalen Joghurt Krebs und Ausschlag und sonst was bekäme.

Meine Freundin hat einen Moment überlegt, ob sie sich dem Bio-Diktat unterwirft und in Zukunft nur noch im Biomarkt einkauft. Dann hat sie sich aber dazu entschlossen, alle diese Kinder einzuladen zu einem kleinen Fest mit ihrer Tochter. Dort hat sie diesen Kindern – quasi heimlich – normalen Joghurt in hübschen Schalen serviert und dann mit den Kindern über »guten« und »schlechten« Joghurt und über »gutes« und »schlechtes« Verhalten gesprochen.

Danach war das Thema »Biomobbing« durch – also Geschichten gibt's, die gibt's gar nicht.

25.

EINSTEIN FÜR FAMILIEN

● ○ ● ○ ● ○ ● ○ ●

Neuerdings nagt der Zahn der Zeit an mir. Mein Gewebe hat gerade ein Formtief und schwächelt ein wenig. Ich entdecke immer mehr einzelne graue Haare. Gesicht und Dekolleté zeigen sich von der »reifen Seite« und treiben die Kosten für Hautcremes und Photoshop-Profis in exorbitante Höhen. Wobei dieser beschönigende Begriff »Reife« einmal einer genauen Analyse zu unterziehen wäre. Haben »reife« Kirschen Runzeln? Heißt »Bildungsreife« vielleicht Querfalten auf der Stirn? Oder meint »ich bin reif für einen Urlaub« vielleicht, jetzt sei ohnehin alles schon zu spät? Dieser seltsamen Bedeutungsvielfalt des deutschen Begriffes »Reife« werde ich noch einmal nachgehen – wenn ich reif dafür bin und mir meine Familie dazu die nötige Zeit lässt.

Apropos: Zwar lässt sich meine Familie seit einiger Zeit sehr viel Zeit – aber mir dafür umso weniger. Paradox? Meine Familie würde das sofort bejahen. Denn wenn hier jemand Stress baut, dann nach einhelliger Meinung nur eine Person, ich nämlich. Ich. Die Mutter. Genauso wie die Nachbarin, die auch Mutter ist. Genauso wie die Verkäuferin im Bioladen, die auch Mutter ist. Genauso wie die Lehrerin des Sohnes – die auch Mutter ist.

Mit »Zeit« verbinde ich seit einiger Zeit nicht mehr eine Wochenzeitung oder die wenigen kostbaren Stunden ganz für mich alleine in der Badewanne. Ich denke dabei nicht mehr an die übliche morgendliche Hetze ins Büro oder den Eileinkauf im Supermarkt in der Mittagspause, auch nicht mehr an den Blick auf die Uhr, wenn ich beim Meeting im Büro sehe, dass der Hort gerade zumacht.

Mit »Zeit« verbinde ich derzeit vor allem wiederkehrende Einwürfe wie: »Gleich!«, »Eine Minute noch!«, »Sofort!«, »Ich komm ja schon!«, »Moment!«, »In einer Sekunde!«, »Augenblick!«, »Ganz kurz!«, »Wirklich gleich!«

Ein Schelm – oder ein Mann –, der dabei nur an das »Eine« denkt beziehungsweise an Probleme mit dem »Einen«. Eine Mutter mit mindestens einem Kind ab acht Jahren denkt dabei zwar auch nur an das »Eine«, nämlich an das ihr Wichtigste im Leben. Aber das ist nun einmal ganz etwas anderes als das wichtigste »Eine« im Leben eines Mannes.

Denn das sitzt im Kinderzimmer und schöpft aus einem schier unendlichen Wortreichtum, wenn es um die Bezeichnung für »zeitlichen Aufschub« geht.

»Lukas, mach dich fertig für die Schule, du musst gleich los!«

»Sofort!«

»Lukas, es ist eilig!«

»Moment!«

»Lukas!«

»Ja, gleich!«

»Lukaaaaaas!«

»Wirklich gleich!«

»Wenn du jetzt nicht auf der Stelle …«

»Jetzt chill mal, bin doch schon unterwegs!«

»Lukas, ich werd jetzt gleich …«

»Sei mal nicht so agro!«

»Luuuuuuukas!«

»Sofooort!«

Nicht nur Söhne beherrschen das Spiel perfekt, sondern auch Töchter.

»Eva, bitte geh Zähneputzen!«

»Eva, kannst du keine Antwort geben? Gehst du bitte Zähne putzen, es ist schon halb neun!«

»Moment!«

»Eva, Zähne putzen!«

»Ja, gleich!«

»Eva!«

»Lukas ist auch noch nicht im Bad!«

»Das ist kein Argument, geh!«

»Sofort!«

»Mir reißt jetzt gleich der Geduldsfaden!«

»Mama, rage mal runter!«

»Was?«

»Reg dich nicht so unnötig auf!«

»Unnötig?!!! Auch noch frech werden! Jetzt geh lieber sofort ins Bad, sonst werd ich noch …«

»Drohungen kommen ganz schlecht!«

»GEH INS BAD! EVA! SOFORT!«

»Sag ich doch, dass ich sofort gehe!«

Es ist nicht so, dass meine Kinder ein Verzögerungsgen oder gar einen Zwang hätten, der Menschen oft stundenlang an bestimmte sich wiederholende Handlungen fesselt. Wenn Lukas seinem Freund Moritz bei einem Gamer-Problem aus der Patsche helfen will, kann er zwei Sekunden nach dem Anruf die Wohnungstür hinter sich zuschlagen. Wenn Eva – um nicht für ihr Leben lang aus der Klasse ausgeschlossen zu werden – unbedingt bestimmte Schuhe braucht, die alle anderen auch haben, steht sie eine Minute nach der Ankündigung des Einkaufsvorhabens fertig angezogen vor mir.

Einsteins Relativitätstheorie der Zeit trifft offenbar in einem ganz anderen Zusammenhang auch auf unsere Familie zu. Zeit wird völlig subjektiv interpretiert. Statt »$E = m \times c^2$« könnte ich die Formel aufstellen: Zeit = was andere nicht einhalten multipliziert mit Ignoranz MEINER Zeitvorstellung im Quadrat.

Der subjektive Zeitbegriff manifestiert sich vor allem in den Situationen kurz vor dem Abendessen.

»Essen ist fertig!«, rufe ich.

»Super!«, ruft mein Mann.

»Komme gleich!«, erwidert Eva.

»Bin schon unterwegs!«, behauptet Lukas.

Italienische Pasta steht auf dem Tisch. Jeder Mensch auf der Welt – außer einem Engländer vielleicht – weiß, dass es nichts Schrecklicheres gibt als erkaltete Pasta.

»Beeilt euch, es gibt Pasta, die wird schnell kalt und schmeckt nicht mehr!«

Keine Reaktion.

»Hallo?! Essen steht auf dem Tisch! Ich hab sogar Parmesan dazugerieben!«

Keine Reaktion, kein noch so kleines »gleich«, »sofort«, »eine Sekunde«.

Ich sitze alleine am Esstisch und sehe, wie die Pasta vor mir dampft. Kleine Hitzewölkchen steigen hoch und versprechen einen großen Genuss, es duftet nach Schinken, Rucola und Gorgonzola.

»Essen steht auf dem Tisch!«, wiederhole ich eher mürrisch und in einer Tonlage, die jedes Familienmitglied versteht.

»Komme!«, ruft Eva.

»Nur noch einen ganz kleinen Moment!«, behauptet Lukas.

»Sekunde!«, ruft mein Mann.

Ich schaue auf die Küchenuhr, wie lange wohl eine Sekunde beziehungsweise deren Interpretation dauert.

Nach einer Minute gebe ich es auf, solche Feinheiten erforschen zu wollen. Ich greife zur Gabel. Ich werde jetzt essen, egal, wer kommt, egal, ob andere das gute italienische Essen dem sicheren kulinarischen Tod weihen. Ich behaupte mir meine Genuss-Stellung in der Familie, basta, keine weiteren Diskussionen.

Nach der dritten Gabel schmeckt es mir nicht mehr. Aber ich werde einen Teufel tun, meine Familie noch einmal zum Kommen aufzufordern! Wer bin ich eigentlich? Keine Hausangestellte würde man so behandeln! Bei jedem Koch im Restaurant würde man sich für so ein Verhalten entschuldigen.

Bei der vierten Gabel taucht Lukas auf.

»Mama, warum isst du schon ohne uns?«

Eine Sekunde später meint Eva: »Und uns sagst du immer, wir sollen ein wenig Geduld haben und warten können!«

Mein Mann nimmt Platz am Esstisch und schaut mürrisch.

»Musst du immer so einen Stress bauen beim Essen?«

Reden ist Silber, fällt mir ein, Handeln ist Gold.

An diesem Tag schicke ich die Kinder nach dem Essen nicht zum Zähneputzen. Um 22 Uhr wundern sich alle, dass sie noch auf sind, keiner hat sie daran erinnert, dass Bettgehzeit ist. Am nächsten Morgen kommt Lukas zu spät zur Schule, und Eva friert, weil sie niemand aufgefordert hatte, ihre Jacke anzuziehen. Abends sind weder Hausaufgaben gemacht noch steht eine Mahlzeit auf dem Tisch, niemand ruft: »Essen ist fertig!«

Meine Familie bemerkt, dass irgendwie alles so komisch sei seit gestern Abend. Um 20 Uhr denken die Kinder selbständig an ihre Hausaufgaben, um 21 Uhr hat mein Mann ein Essen auf den Tisch gestellt, und bald darauf machen sich die Kinder (ohne Zähneputzen) auf den Weg ins Bett.

Ha, frau muss nur mal locker lassen und die Familie ihrem Schicksal überlassen. Ich wähne mich einem großen Sieg nahe.

»Super, wie gechillt du plötzlich bist, Mama!«, sagt Lukas beim Gutenachtkuss. »Irgendwie bist du voll böse gut drauf, Mama!«, sagt Eva.

»Du schaust heute so entspannt – trinken wir noch ein Glas Wein?«, fragt mein Mann und zieht mich zu sich.

Ich fürchte, ich habe mich zu oberflächlich mit Einstein beschäftigt und sollte mir die Zeittheorie noch einmal genauer ansehen.

26.

FAULTIERE

●○●○●○●○●

Einer brasilianischen Indianerlegende nach beschloss eine Faultierfamilie in einer kalten Nacht, sich am nächsten Tag ein Nest zu bauen, um nicht wieder so frieren zu müssen. Der Morgen brach an, die Sonne schien, die Faultierfamilie erfreute sich an den warmen Strahlen und vergaß ihr Vorhaben. Als es in der Nacht wieder bitterkalt wurde, beschloss die Familie erneut, sich am nächsten Tag ein Nest zu bauen – nur um am darauffolgenden Morgen im warmen Sonnenschein das Vorhaben erneut zu vergessen. Und wenn sie nicht ausgestorben ist, so friert die Faultierfamilie heute noch in der Nacht und genießt den nächsten Sonnentag.

Also, unserer Familie könnte das nicht passieren. Ich lüfte schon im Frühsommer die Winterbetten, weil meine weibliche Natur mir jede Winternacht schrecklich kalte Füße beschert. Übrigens: Unsere frierenden Extremitäten hängen ursächlich mit unserer Fähigkeit zu gebären zusammen. Der Körper pumpt lieber Wärme und Blut in die Körpermitte, denn da könnte ja gerade ein Baby drin sein. Also habe ich wegen zwei Schwangerschaften, wegen 18 Monaten, mein Leben lang kalte Füße! Von wegen, die Natur sei perfekt!

Meinem Mann wiederum könnte es nie so gehen wie den Faultieren in der Geschichte, weil er wohl lieber im Büro verschwindet, als mit der ganzen Familie einen Tag faul in der Sonne herumzuliegen. Im letzten Urlaub sagte mein Mann noch bei der Abreise: »Schatz, ich brauche so dringend Erholung!« Aber schon nach einem ganzen Sonnenbadetag am Strand kam abends die Aufforderung: »Morgen unternehmen wir aber etwas, das wird sonst viel zu langweilig!« Bei fünfunddreißig Grad im Schatten marschierte unsere Familie dann auf den nächsten, von karger Vegetation bedeckten Berg oder betrachtete zur überbordenden Freude der Kinder Kunstschätze des Spätmittelalters in gotischen Kirchen.

Aber gut. Mit der Urlaubssituation könnte ich mich noch abfinden. Aber einer der Lieblingssätze meines Mannes ist: »Ich mach das schon!«

Bevor Sie nun wutentbrannt aufspringen und schreien: »Solche Männer gibt es also doch!«, oder aber in Depression versinken, weil manche Gatten offenbar den Frauen tatsächlich etwas im Haushalt abnehmen, lesen Sie bitte weiter.

»Ich mach das schon!«, sagt mein Mann immer dann gerne, wenn es um die Kinder geht. Wenn Lukas seine Dreckwäsche auf den Boden wirft oder Eva mit Wüstenblumenblick seufzt: »Ich hab Durst«, setzt bei meinem Mann das übliche Phlegma aus und plötzliche Handlungsfähigkeit ein. Das heißt, die plötzliche Mutation vom Faultier zur emsigen Drohne findet immer dann statt, wenn *ich* anwesend bin und Lukas schimpfe: »Leg deine Dreckwäsche endlich in den Korb!«, oder wenn ich Eva empört zurückgebe: »Dann schenk dir doch selbst was ein!«

Zum ersten Mal fiel mir dies auf, als Lukas alt genug war für die Aufforderung, den Müll rauszubringen. Müll rausbringen gehört eigentlich zu dem 0,182 Prozent Haushaltsanteil, den mein Mann normalerweise leistet. Also dachte ich, meinem Göttergatten sei es unangenehm, dass unser Sohn seinen Miniminiminiminiminimini-Job übernimmt. Das nächste Mal fragte Lukas nach dem Essen: »Soll ich den Teller abräumen, Mama?« Ich blickte wohl ziemlich verblüfft drein, denn Lukas erklärte: »Das machen wir im Kindergarten auch immer, und die Erzieherin hat gesagt, die Mamas würden sich daheim sicher auch darüber freuen.«

»Ich mach das schon!«, sagte mein Mann und räumte an diesem Abend tatsächlich den Tisch ab. Als Lukas am nächsten Tag nicht mehr fragte, kam auch mein Mann nicht mehr auf diese haarsträubende Idee, den Esstisch abzuräumen. In mir grollte es. Wollte mein Mann nun seinen Sohn zum Klein-Macho erziehen, damit seine Groß-Macho-Rolle als selbstverständliche »logische« Konsequenz einer bestimmten Zentimeterlänge erschien? Doch noch in der gleichen Woche musste ich meinen Verdacht verwerfen.

»Räum dein Spielzeug in die gelbe Kiste!«, forderte ich Eva auf.

»Ich mach das schon!«, sagte mein Mann, und flugs saß er auf dem Kinderzimmerboden und sortierte Spielzeuggeschirr ein.

»Du kannst doch nicht den Kindern ihre Aufgaben abnehmen! Die müssen doch lernen, Verantwortung zu übernehmen«, sagte ich zu meinem Mann, nachdem sich die Szene in verschiedenen Variationen wiederholt hatte.

»Tu ich doch gar nicht! DU malst doch für Lukas und Eva die Religionsbildchen aus!«

»Nein, ich mein Wäsche wegräumen und so. Du verziehst sie!«

»Na, hör mal, Schatz, ich bin doch eh so viel im Büro, wie du immer beklagst, da bleibt doch sicher noch genug zu tun.«

Grrr. Manchmal hat auch ein Mann recht. Das ist besonders bitter, wenn es der eigene Mann ist.

Eine Woche später nehme ich noch einmal Anlauf.

Eva hatte gerufen: »Ich muss euch was sagen!«

»Komm doch her!«, erwiderte ich.

»Wir kommen schon!«, ruft mein Mann und macht sich auf den Weg ins Kinderzimmer.

»Sag mal, spinnst du?«, rutscht es mir heraus. »Ich hüpf doch nicht, wenn meine Tochter nach mir ruft!«

»Ach, komm schon, wir waren doch eh unterwegs!«

»Das ist aber etwas anderes, du verziehst die Kinder!«

»Warum streitet ihr denn?«, fragt Eva, die unvermittelt neben uns steht.

»Wir streiten gar nicht!«, behauptet mein Mann.

»Die streiten, weil du dich immer bedienen lässt!«, sagt Lukas, der nun auch unvermittelt neben uns steht. »Du bist schuld!« Lukas beherrscht perfekt die Kunst, seine Schwester wahnsinnig zu ärgern.

Eva schießen Tränen in die Augen.

»Jetzt reicht es aber!«, sagt mein Mann und sieht mich böse an.

»Bloß weil du so ein Bohei darum machst, wer zu wem geht.«

Mir schießen Tränen in die Augen. Mein Mann beherrscht perfekt die Kunst, mich wahnsinnig zu ärgern.

»Du erziehst die Kinder zu Faultieren, das mache ich nicht mit!«, herrsche ich ihn vor den Kindern an.

Betreten blickt mich mein Mann an.

»Sind doch tolle Tiere, die Faultiere!«, kommentiert Lukas unbeeindruckt.

»Gar nicht wahr! Die sind eklig!«, widerspricht Eva.

Vielleicht sollte ich wie die Faultierfamilie eine »Familienkonferenz« einberufen, wenn es um wichtige Entscheidungen geht. Aber bei uns hat das noch nie wirklich geklappt. Wir haben dann zwar immer alles Mögliche beschlossen, Verhaltensänderungen angepeilt und Besserung gelobt. Aber spätestens nach drei Tagen waren wir wieder im alten Trott, und nichts änderte sich wirklich. Ich glaube, ich sollte mir eingestehen, dass wir wirklich so eine Faultierfamilie sind ...

27.

GUTE NACHRICHTEN

●○●○●○●○

Als Maria schwanger war, schwebte – so wird es zumindest erzählt – ein Engel bei ihr vorbei, um ihr die frohe Botschaft zu verkünden. Und auch wenn heutzutage normalerweise keine Engel mehr umherfliegen, sondern die frohe Botschaft vom Schwangerschaftstest aus der Apotheke oder vom Frauenarzt überbracht wird, so ist doch die Tatsache einer Schwangerschaft für die meisten von uns genau das: die Verkündigung einer frohen Botschaft.

Frau ist guter Hoffnung. Welch schöner Ausdruck. Welch schöne Worte. Und in den nächsten Monaten gibt es jede Menge Geschenke und Glückwünsche für die Mutter und das Kind.

Das ist das Land der frohen Botschaft. Leider kann man auch mit Kind nicht immer in diesem Land wohnen bleiben.

Denn irgendwann ist das Kind dann sechs oder sieben wie Sophie und fängt gerade an zu lesen und geht dann an einem Zeitungsstand vorbei, und eine Schlagzeile springt ihr ins Gesicht. Sophie bleibt stehen und buchstabiert mühsam diese Schlagzeile:

MANN ERSTICHT GRAUSAM
SEINE BEIDEN NICHTEN,
ACHT UND ZEHN JAHRE ALT, IM SCHLAF

Sophie bleibt wie erstarrt vor dieser Nachricht stehen, und auch ich bin plötzlich völlig geschockt.

Und Sophie fragt mich: »Mama, sind die beiden Kinder jetzt tot?«

Und ich muss sagen: »Ja.«

Und Sophie fragt weiter: »Warum hat der Mann das gemacht?«

Und ich muss sagen: »Ich weiß es nicht.«

Und Sophie fragt weiter: »Aber warum hat er das gemacht? Was haben ihm die Kinder denn getan?«

Und ich habe keine Antwort, keine wirkliche, und ich versuche Sophie etwas zu erklären, was ich eigentlich nicht erklären kann: das Böse. Das Grauen. Das Dunkle in der Welt.

Ich muss ihr sagen, dass es Menschen gibt, die böse Dinge tun. Dinge, die man nicht verstehen kann. Die ich nicht verstehen kann. Nicht wirklich. Und die Sophie in ihrer kleinen, bisher doch Gott sei Dank sehr behüteten Welt noch viel weniger versteht.

Sophie hat an diesem Abend Schwierigkeiten einzuschlafen. Und das alles beschäftigt sie und mich noch lange.

Es ist ja nicht so, dass Sophie vorher in einem Kokon der total heilen Welt groß geworden wäre und noch nie mit etwas konfrontiert war, was nicht direkt aus Bullerbü-Land kam. Trotzdem war dies ein einschneidendes Erlebnis: Ihre erste selbst gelesene Schlagzeile, das erste Verbrechen, das über die Schlagzeile ihre Welt ins Wanken brachte.

Und so kommen in die Welt der frohen Botschaften irgendwann unweigerlich die schlechten Botschaften hinein. Und dabei hat man ja irgendwie noch Glück, wenn es in Form von Zeitungsschlagzeilen eintritt und nicht im eigenen Leben stattfindet.

Seit Sophie auf der Welt ist, habe ich ab und zu Probleme mit schlechten Nachrichten. Mehr Probleme zumindest, als ich vorher damit hatte. Nicht, dass es nicht schon früher Nachrichten gab, die mich erschüttert oder verunsichert haben. Nein, natürlich nicht. Aber so schockiert, dass mir die Tränen kamen?

Vielleicht sind das die Hormone. Mit Kind hat das ein anderes Ausmaß angenommen. Bereits als Sophie noch ein Baby war, konnte ich manchmal die ganz normalen Abendnachrichten im Fernsehen nicht mehr ertragen. Vielleicht geht es anderen Müttern genauso. Ständig Krieg, Katastrophen und Mord zum Käsebrot. Irgendwie haben wir uns alle daran gewöhnt. Klar. Es ist wichtig zu wissen, was in der Welt vor sich geht. Klar, das Böse und Schlechte geht nicht weg, indem man weghört oder wegsieht. Klar, Hinschauen ist besser als Wegschauen. Denn nur wer hinschaut, kann auch etwas ändern. Und ändern müssen wir an diesen Dingen etwas. Das ist sicher.

Und auch wenn wir die schlechten Nachrichten brauchen, damit sie uns aufrütteln, ist es mir trotzdem manchmal zu viel, in einer Welt zu leben, in der jeden Morgen mit der Zeitung und jeden Abend mit den Fernsehnachrichten die Greueltaten des gesamten Planeten ins Wohnzimmer schwappen wie ein Tsunami des Grauens.

Wer ein Kind in die Welt setzt, muss sich seiner Verantwortung stellen. Nicht nur dem eigenen Kind gegenüber, sondern auch allen anderen Kindern dieser Welt gegenüber. Das ist zumindest meine Meinung. Es geht darum, die Welt ein kleines Stück besser zu machen. Oft weiß ich nicht, wie – und oft weiß ich nicht, wo ich anfangen soll.

Aber das Gefühl ist da, seit Sophie auf der Welt ist. Das ist eines der großen Geschenke beim Kinderkriegen. Man hört auf, um sich selbst zu kreisen. Man hält sich nicht mehr für den Mittelpunkt der Welt. Es wird einem innerhalb von einer Millisekunde klar, dass es etwas Wichtigeres gibt als das eigene Ich.

Und noch etwas wird einem klar: wie zerbrechlich wir alle sind.

Manchmal wünsche ich mir einen Fernsehsender, der wenigstens zum Schluss ein paar gute Nachrichten verkündet. Wäre das nicht schön, wenn die Tagesschau zum Beispiel ganz am Ende ein, zwei wirklich positive Meldungen bringen würde? Etwas, das einen einfach ab und zu – und auch ohne schwanger zu sein – wieder guter Hoffnung sein ließe …

28.

LESAGTENIE

● ○ ● ○ ● ○ ● ○ ●

Sophie geht in die Schule. Mittlerweile in die dritte Klasse. Ja, ja, ich weiß. Das ist noch gar nix. Kein Grund zum Jammern und Wehklagen.

Mütter mit Kindern in höheren Klassen können darüber nur milde lächeln. Mütter mit Kindern kurz vor dem Schulwechsel in eine höhere Schule oder kurz vor irgendeinem Abschluss können noch nicht mal das – sie sind zu sehr mit der Schule und den schulischen Leistungen ihrer Kinder beschäftigt, um überhaupt noch zu lächeln.

Schon klar.

Wenn man sich ein Kind wünscht, denkt man ja am Anfang noch nicht gleich über die Schule nach. Also, ich hab in der Schwangerschaft nur an süße kleine Babys gedacht, an Kuscheltiere und Schlaflieder und Spaziergänge mit Kinderwagen im Park und wunderschöne Bilderbücher, die ich vorlesen wollte. Mein zukünftiges Leben mit Kind in Bullerbü-Land sozusagen.

Leider hat mich dann irgendwann die Realität eingeholt.

Das war ungefähr zeitgleich mit dem Beginn von Sophies

Schulzeit. Kindergarten ging ja noch – das ist im Vergleich zur Schule ein echtes Kinderspiel.

Wenn man in der Schwangerschaft schon daran denken würde, dass das Kind ja irgendwann in die Schule muss – wir hätten wahrscheinlich noch weniger Kinder in Deutschland als sowieso schon.

Sophie geht also zur Schule.

Jede Mutter, die ein oder mehrere Kinder in der Schule hat, weiß, was das heißt. Das heißt nichts anderes als: Ich gehe auch wieder in die Schule. Irgendwie.

Und ich habe auch Hausaufgaben. Irgendwie.

Denn ich muss die Hausaufgaben überprüfen.

Oder ich muss Sophie die Hausaufgaben erklären. Oder gleich den Inhalt der letzten Schulstunde erraten. Oder ich muss die Hausaufgaben mit Sophie machen. Oder ich muss ihr bei den Hausaufgaben helfen. Zumindest muss ich wissen, wo mein Kind in der Schule steht. Und wenn es schlecht um das Kind und die Schule steht, muss ich ihm helfen. Oder muss ich das alles nicht?

Darüber haben wir ja schon ausführlich an anderer Stelle berichtet.

Aber zurück zu Sophie und ihren Hausaufgaben. Übermorgen gibt es ein Diktat. In Deutsch. Dritte Klasse. Wir üben. Dass? Daß? Das? Oje.

Wer weiß das? Und wer will das wissen? Und wozu?

Leider gab es zwischen meinem Abi und Sophies dritter Klasse hier in Deutschland so etwas wie eine Rechtschreibreform. Ich glaube, niemand außer ein paar Deutschlehrern und Germanisten hat so richtig verstanden, wozu die denn überhaupt gut sein sollte. Aber sie ist nun mal da. Wie der fiese Nieselregen an manchen Tagen. Den kann man auch nicht einfach abstellen.

Leider ist die Rechtschreibreform komplett an mir vorbeigegangen.

Ich war da ja schon aus der Schule. Da hat man das doch nicht mehr nötig.

Nee, auch nicht als Autorin. Klar, ich schreibe – beruflich und meistens sogar täglich.

Aber erstens habe ich eine super Lektorin, die meine schon immer eher mangelnde Rechtschreibkenntnis locker lächelnd wegsteckt mit: »Hauptsache, ich kann es irgendwie lesen.« Zweitens kenne ich sogar Verlage, die sich der neuen Rechtschreibung erst einmal quasi verweigert haben. Und drittens hat mein Computer ein Rechtschreibprogramm. Und viertens ist das mit der neuen Rechtschreibung meiner Meinung nach ja sowieso totaler Quark. Und fünftens stand ich mit Rechtschreibung schon immer leicht auf Kriegsfuß und bin trotzdem Autorin geworden. Und sechstens …

Scheiße.

Leider versagen all diese Argumente in Sophies Schule total. Ich glaube nicht, dass der Lehrer begeistert wäre von einem abgegebenen komplett versauten Diktat und einem von Sophie locker hingehauchten: »Hauptsache, Sie können das irgendwie lesen, hat meine Mama gesagt. Und Sie werden schon wissen, wie ich das meine.«

Und das Rechtschreibprogramm bin ja nun wohl ich. Zumindest solange Sophie per Hand in Hefte schreibt und nicht in die Tastatur hackt – das ist ja in der dritten Klasse nicht gerade erwünscht.

Und nachdem ich mich also jahrelang erfolgreich um die neue deutsche Rechtschreibung gedrückt habe, springt sie mir jetzt voll ins Gesicht. Mittlerweile habe ich den leisen Verdacht, ich habe eine leichte, bisher noch nicht erkannte Neue-deut-sche-Rechtschreibung-Lesagtenie. Es hilft alles nichts.

Ich pauke heimlich nachts die Regeln, wenn Sophie schon lange schläft. Ich will mir schließlich keine Blöße vor Sophie geben. Und was soll ihr Lehrer bitte schön von mir halten?

Übrigens kann man sich das »Regeln und Wörterverzeichnis« des Rates für deutsche Rechtschreibung kostenlos als PDF-Datei aus dem Internet runterladen. Das Ding hat über hundert Seiten. In so ein, zwei Jahren bin ich damit durch.

Aber Deutsch ist ja nicht das einzige Fach, das Sophie in der Schule hat.

Da gibt's ja auch noch zum Beispiel die Mathematik.

23 567 x 6739 = ?

Keine Ahnung. Wann um alles in der Welt habe ich das letzte Mal im realen Leben so was ausrechnen müssen? Und das irgendwie nur mit einem Blatt Papier und einem Stift in der Hand. Oder noch schlimmer – im Kopf. Musste ich das überhaupt jemals – ich meine, außerhalb der Schule? Kann ich das überhaupt noch? Wie ging das noch mal? Die Zahlen tanzen vor meiner Nase. Das kann doch nicht ernsthaft Mathestoff der dritten Klasse sein. Das ist doch eindeutig Stoff für kurz vor dem Abi.

23 567 x 6739 = ?

Und wieso rechnen die so völlig anders als wir früher? Sophie hat so ein paar Beispiel-Aufgaben im Heft. Ich check es echt nicht. Natürlich kann ich das kleine Einmaleins. Zumindest dachte ich bisher, ich könnte das.

Ich habe schließlich Abitur!

Zumindest dachte ich bisher, ich hätte es. Vielleicht ist das auch schon zu lange her – vielleicht verfällt der Abischein mit zunehmendem Alter. Vielleicht muss man das Abi alle zehn Jahre neu machen – wie in meinen Alpträumen. Ach, Quatsch, ich hab ja ein Kind, und wenn alles gutgeht, muss ich ja sowieso auch noch irgendwann mit ihm Abi machen.

Sophie blickt mich fragend an. »Also, Mama, wie geht das jetzt?«

Ich flüchte: »Der Lehrer hat euch das doch bestimmt erklärt, wie das geht. Hast du etwa in der Schule nicht aufgepasst?«

Doch. Sophie hat natürlich aufgepasst. Der Lehrer hat das schon erklärt, wie man das rechnet, aber Sophie weiß es gerade nicht mehr, weil ausgerechnet in dem Moment die blöde Lara einfach gegen den neuen Schulranzen getreten hat, und dann musste sie natürlich ihren Schulranzen verbal massiv verteidigen, ist ja wohl klar, und dann hat sie einen Anschiss vom Lehrer bekommen, wegen Quatschen, ist ja wohl auch klar, und jetzt kann sie sich nicht mehr dran erinnern, wie man das rechnet.

Ich leider auch nicht.

Den Taschenrechner von meinem Handy kann ich schlecht rausziehen – echt schwaches Vorbild. Den benutze ich nur ganz, ganz ausnahmsweise, um das Ergebnis von fertigen Aufgaben zu überprüfen. Wenn ich das alles im Kopf rechnen müsste, was Sophie vorher schon im Kopf rechnen musste! Mein Gott! Ich würde wahrscheinlich doppelt so lang für die Aufgaben brauchen wie Sophie.

Aber hier ist Erklären gefragt. Wie kommt man von A nach B? Sophie schaut mich an. Jetzt bin ich echt im Zugzwang. Und dann kommt mir eine geniale Idee. Ich rufe einen Onkel von mir an. Ehemaliger Lehrer. Sogar Rektor. Den frage ich, und der erklärt mir alles ganz genau. Und ich erkläre dann Sophie alles ganz genau.

23 567 x 6739 = 158 818 013

Ist doch total klar. Ich bin stolz auf mich. Man muss nicht immer alles wissen, aber man muss wissen, wo man das Wissen herbekommt. Und das hat schon mein Deutschlehrer früher immer zu uns gesagt. Wie man sieht, gibt es Dinge, die man in der Schule lernt, die man später durchaus noch gebrauchen kann.

Als Sophie endlich fertig ist mit den Hausis und zum Spielen nach draußen verschwindet, setze ich mich an den Küchentisch und trinke erst einmal einen Kaffee.

Wie habe ich es eigentlich damals bis zum Abitur geschafft?

Keine Ahnung.

Und haben meine Eltern mir jemals mit den Hausaufgaben geholfen? Nein. Ich kann mich an so etwas überhaupt nicht erinnern. Das gab es damals einfach nicht. Eltern haben damals keine Hausaufgaben mit Kindern gemacht. Das bestätigen mir auch alle meine Freundinnen. Die jetzt natürlich alle mit ihren Kindern die Hausaufgaben machen. Irgendwas hat sich in der Schule in den letzten zwanzig, dreißig Jahren komplett verändert. Und das kann nicht das kleine oder das große Einmaleins sein. Denn das ist ja gleich geblieben. Eins und eins sind immer noch zwei. Aber heute sitzt so ziemlich jede Mutter in meinem Bekanntenkreis an den Hausaufgaben.

Und was mache ich, wenn Sophie in der siebten Klasse ist? Oder in der achten? Oder kurz vor dem Abi? Wenn Logarithmen oder Schlimmeres auf dem Stundenplan stehen?

Keine Ahnung.

Vielleicht sollte ich jetzt schon mal mit ein paar Nachhilfestunden anfangen – für mich natürlich.

29.

LIEBE GEHT DURCH DEN MAGEN

● ○ ● ○ ● ○ ● ○ ●

Warum bin ich als Mutter und Frau eigentlich stets für die Ernährung der Familie zuständig? Mein Mann kocht zwar auch mindestens einmal im Jahr, aber Speiseplan und Organisation obliegen komplett mir. Tagaus, tagein muss ich mir den Kopf zerbrechen, was gut und günstig und kochbar ist. Statt feiner Prosa lese ich daher immer wieder auch Kochbücher und bemühe mich um eine allzeit ausgewogene Ernährung.

»Was gibt's zum Essen heute?«, fragen nicht nur die Kinder, sondern auch ER.

»Schon wieder Salat?!«, stöhnen nicht nur die Kinder, sondern auch ER.

»Wir können doch nicht jeden Tag Pasta essen oder Pizza!«, erwidere ich.

»Doch, doch!«, protestieren die Kinder.

»Vielleicht einmal etwas ganz anderes, etwas ganz Neues, etwas Abwechslung?«, schlägt mein Mann vor und fügt in der besten Absicht zu scherzen hinzu: »Liebe geht auch durch den Magen, Schatz.«

›Genau, mein Schatz‹, denke ich, nachdem ich mich wieder

beruhigt habe. Zum nächsten Geburtstag bekommt er ein neues Kochbuch oder eine spezielle Lektüre geschenkt, beschließe ich. Ich entscheide mich für Letzteres. »Liebe geht durch den Magen«, schreibe ich auf die Glückwunschkarte und lege sie zu einem Bildband über Gottesanbeterinnen, die nach der Paarung ihre Gatten einfach aufessen.

30.

COOLISCH

●○●○●○●○●

»MaMa«, »PaPa«, »WauWau«, »AuAu«, »PuPu«, »NuNu«, »DuDu« ...

Ach, die Zeit, in der Sophie sich mit mir hauptsächlich in zweisilbiger Kleinkindsprache verständigt hat, ist lange vorbei. Auch wenn es mir manchmal vorkommt, als sei es gestern gewesen.

Sophie hat lange nicht gesprochen. Mein Mann und ich haben uns schon Sorgen gemacht. Völlig zu Unrecht, wie sich herausstellte. Denn als Sophie einmal angefangen hatte zu reden, war sie nicht mehr zu stoppen. Und auch jetzt quasselt sie mir oft den ganzen Tag ein Ohr an und wieder ab. Ich habe gehört, im Teenageralter verstummen die Kinder wieder bis auf ein paar kryptisch hingeworfene Urlaute oder Satzstummel – na, da bin ich mal gespannt.

Kinder und Sprache sind überhaupt ein einziges Wunder. Ich hoffe, ich empfinde das nicht nur so, weil ich mit Sprache arbeite.

Ich erinnere mich noch gut an die nächste Phase von Sophies Sprachentwicklung. Nach »WauWau« und »EiEi« fing sie irgendwann an, ganz kurze Halbsätze zu sprechen und ihre eigenen Wörter zu erfinden. Grandiose, phänomenale Neuerfindungen der deutschen Sprache hat meine Tochter ganz allein zustande gebracht, und das so mit drei Jahren. Goethe wäre blass vor Neid geworden. Ich als Spracharbeiterin war stolz wie Harry. Dabei glaube ich, es gibt kein Kind auf der Welt, das nicht mindestens ein Wort neu kreiert hat. Manche Kinder entwickeln untereinander sogar eine Geheimsprache, die nichts mehr mit der Sprache der Erwachsenen zu tun hat. »Kalten« zum Beispiel war eine von Sophies Wortschöpfungen. Eine, die sofort einleuchtet und bei der ganz klar ist, was sie bedeutet. Ich lass mir das Wort jetzt patentieren, denn ich finde, es gehört dringend in den Duden als Wort des Jahres. Ist doch ganz klar, was »kalten« ist. Etwas nicht erwärmen, sondern kälter machen. Diese Tätigkeit habe ich bevorzugt damals ausgeübt, als Sophie noch klein war und ich die Flasche mit warmer Milch »kalten« musste, die sie vor dem Schlafengehen getrunken hat.

»Budei«, »Piapa« und »Pekotsch« waren weitere Wortschöpfungen von ihr, die ich mir extra aufgeschrieben habe, um diese Wortkostbarkeiten ja nicht im Lauf der Zeit wieder zu verlieren. Ich verrate jetzt mal nicht, was »Budei« etc. bedeutet. Ich bin mir ziemlich sicher, da kommt niemand von alleine drauf. Viel Spaß beim Raten – Sie können mir dann gerne eine E-Mail schicken, wenn Sie denken, Sie haben es rausgekriegt. Und dann kam Sophie in den Kindergarten. Was ihren Sprachschatz ungemein erweiterte: »Pipikackafurzarschloch«, sagte sie, als ich sie nach ihrem ersten Tag vom Kindergarten abholte. Da ist mir schlagartig klargeworden, dass sich der Einfluss des Elternhauses rapide im Sinkflug befand – und das sicher nicht nur in sprachlicher Hinsicht. Sophies Repertoire an Schimpfwörtern hat sich übrigens mit Beginn der Schule ganz

wunderbar erweitert: »F......«, »Sch......«, »A......«, »W......
er«.

Ich schreib die hier jetzt mal nicht alle auf, wer weiß, ob der
Verlag sonst das Buch noch veröffentlichen würde. Das Interessante dabei ist, dass Sophie am Anfang der Schulzeit bei den
meisten dieser Schimpfwörter überhaupt nicht wusste, was
sie eigentlich bedeuten. Ihr war aber klar, dass es in jedem Fall
heftige Schimpfwörter waren, und das hat genügt, um sie
ständig und bei jeder sich bietenden Gelegenheit loszuwer-
den.

Sprache ist etwas Großartiges. Sie verrät etwas über unser
Denken. Sie erzählt etwas über die Welt, wie wir sie wahrneh-
men. Eskimos haben mehr als zwanzig Wörter für Schnee,
habe ich mal irgendwo gelesen. Manche Wörter können
schmecken wie ein guter Rotwein, man muss sie sich nur
langsam auf der Zunge zergehen lassen.
Natürlich erzählt Sprache nichts über die Welt, wie sie in
Wirklichkeit ist, denn das können wir nicht erfassen.
Wir Erwachsenen benutzen die Sprache ja jeden Tag, ohne
überhaupt darüber nachzudenken. Aber wenn man ein Baby
oder Kleinkind hat, wird einem erst bewusst, wie wundersam
die gesprochene Sprache ist.
Und das Wundern über Kinder und ihre Verwendung von
Sprache hört einfach nicht auf. So ist Sophie jetzt mit zehn in
einer Phase, in der es einfach keine Verben mehr gibt. Ver-
schwunden, verschollen, anscheinend für immer verloren.
Die armen Verben.
Wir sitzen beim Abendessen, und Sophie sagt zum Beispiel:
»Kann ich mal die Butter?«
Lecken? Küssen? Fangen? Trinken? Essen? Haben?

Ich weiß, alle – und ich glaube wirklich: alle – Kinder in diesem Alter verschlucken komplett die Verben. Und Millionen von Eltern versuchen verzweifelt Tag für Tag, die Verben der deutschen Sprache zu retten – meist ohne jeden Erfolg. Aber ich habe gehört, dass die lang verschmähten Verben ganz von alleine wiederkommen – wenn das Kind so über zwanzig ist. Also habe ich mich von den Verben traurigen Herzens verabschiedet. Es ist einfach zu mühsam, jeden zweiten Satz von Sophie pädagogisch wertvoll und sprachlich wenigstens halbwegs richtig ergänzen zu müssen.

Dafür korrigiert mittlerweile Sophie mich.

Kürzlich hatte ich einen Beinahe-Zusammenstoß mit einem anderen Auto (der Fahrer hat mich echt heftig geschnitten, dieses A…), aber ich habe – pädagogisch korrekt – nicht wüst geflucht und geschimpft. Nein, ich sprach ganz korrekt: »Na, verdammt, das hätte jetzt fast einen Zusammenstoß gegeben.«

Woraufhin Sophie gelangweilt vom Rücksitz aus korrigierte: »Mama, auf Coolisch heißt das Crash und nicht Zusammenstoß.«

Aha.

Auf Coolisch. Coolisch ist nicht gleich Englisch, wohlgemerkt. Coolisch – das ist die neue Sprache, die Sophie mittlerweile fließend beherrscht.

Coolisch.

Coolisch lernt man im Übrigen in der Schule. Nein, es ist kein Unterrichtsfach, sonst würden Kinder das ja nicht so einfach lernen.

Coolisch ist eine sehr interessante Sprache. Sie wird ausschließlich von Kindern und Jugendlichen gesprochen. Erwachsene können hier nur raten, was einzelne Wörter bedeuten. Oder wussten Sie vielleicht, dass »Fettarschmine« die bei Kindern so beliebten Vitamine sind?

Erwachsene dürfen und können Coolisch nicht mehr erlernen. Sonst wäre es ja nicht mehr Coolisch.

Ist doch klar.

Gestern kam Sophie übrigens zu mir und sagte: »Mama, du sagst ganz oft, wenn du mit jemandem redest, den du noch nicht gut kennst: ›Ich bin eine berufstätige Mutter.‹ Von Papa hab ich das noch nie gehört. Ich meine, Papa sagt nie: ›Ich bin ein berufstätiger Vater.‹«

Ich blickte Sophie an. Und dachte kurz nach. Das Kind hatte – wie so oft – völlig recht.

»Ich bin ein berufstätiger Vater.« – Das ist eine Satzschöpfung, die ich wirklich noch nie gehört habe. Anscheinend gibt es keine berufstätigen Väter. Kein Vater auf der Welt würde auf den Gedanken kommen zu sagen, dass er ein berufstätiger Vater ist. Es ist eine völlige Neuschöpfung. So wie Budei oder Piapa. Aber Wörter werden ja täglich neu erfunden – nicht nur von Kleinkindern.

Ich bin dafür, »Ich bin ein berufstätiger Vater« in den deutschen Duden aufzunehmen. Neben »kalten«. Und der erste Mann, der das dann zu mir sagt, kriegt von mir ein Eis spendiert.

31.

SUPERMAMA-SYNDROM
(LAT.: MAMASUPERTITIS
PERFEKTORITIS)

● ○ ● ○ ● ○ ● ○ ●

Definition:

Das Supermama-Syndrom ist eine Krankheit, die jede – ich wiederhole – jede Frau mit der Geburt des ersten Kindes befallen kann.

Speziell in Deutschland und in Amerika ist die Krankheit weit verbreitet und wird epidemisch u. a. über bestimmte Klatsch- und Frauenzeitschriften verbreitet. Dort kann man viele Fotos des voll ausgeprägten Krankheitsbildes begutachten: zum Beispiel ausgewachsene Frauen in knallengen Jeans, die unter vierzig Kilo wiegen, gerade aus dem Yogastudio komme, in einem Arm eine Handtasche für fünftausend Euro halten und auf dem anderen Arm ein lebendiges Baby balancieren.

Das Supermama-Syndrom zeichnet sich in erster Linie dadurch aus, dass die Mutter versucht, das komplette Leben (Kind / Job / Haushalt / Mann / Figur / Haare / Outfit etc.) immer »super« im Sinne von »perfekt«, »spitzenklasse«, »großartig«, »phantastisch«, »besser als jede andere Mutter, als Vater, Lehrer, Großeltern, Erzieher« etc. hinzubekommen und dass sie dabei immer – ich wiederhole – immer Lippenstift, Wimperntusche und High-Heels trägt.

Beim Supermama-Syndrom werden bei der betroffenen Frau vermehrt Cortisol, Adrenalin und andere Stresshormone freigesetzt, die ungefiltert in die Blutbahn gelangen und auf die Dauer zu einem verkniffenen Zug um den Mund führen können, der wiederum durch ein betont strahlendes Lächeln mit perfekten Veneers überspielt wird.

Symptome (Beschwerden):
In erster Linie versucht die von der Krankheit betroffene Mutter, alles immer absolut perfekt zu machen. Dass sie sich dabei in einem Wahn-Zustand befindet, ist ihr leider nicht bewusst.

Das Supermama-Syndrom ist höchst ansteckend. Meist wird der Virus durch Worte übertragen, in manchen Fällen auch durch die nahezu übernatürlich erscheinenden Fähigkeiten einer bereits erkrankten Mutter.

Man unterscheidet zwischen akutem und chronischem Supermama-Syndrom.

Das akute Supermama-Syndrom taucht meist nach kurzem Kontakt (Hyperinfektion) mit einer chronisch infizierten Supermama auf und hält nur eine Stunde bis zu einem halben Tag an. In dieser Stunde, bzw. an diesem halben Tag versucht die infizierte Mutter, von nagenden Schuld- und Versagensgefühlen geplagt, ihr ganzes Leben komplett zu verändern und ihre Kinder fit für Harvard zu trimmen, endlich Karriere zu machen, nebenher noch fünf Kilo abzunehmen und dabei ein vollwertiges Abendessen mit fünf Gängen zu kochen. Manche Mütter müssen nach so einer Hyperinfektion mit einem totalen Burn-out kurzzeitig in eine Nervenklinik eingeliefert werden.

Das chronisch verlaufende Supermama-Syndrom hingegen ist weitaus schwieriger zu behandeln und legt sich von selbst meist erst nach der Geburt des vierten Kindes. Dann allerdings oft schlagartig.

Besonders gefährdet vom Supermama-Syndrom sind allerdings Mütter mit nur einem Kind.

Diagnose (Untersuchung):
Mütter, die nach drei Stunden Schlaf morgens um sieben ihre drei wohlerzogenen hochbegabten Kinder gut gelaunt, voll geschminkt und mit Stöckelschuhen in die Schule oder den Kindergarten bringen, um dann für eine Stunde in den Sportclub und danach ins Büro zu eilen und ihre eigene Firma zu managen, stehen im Verdacht, bereits erkrankt zu sein.

Dreijährige Kinder, die innerhalb einer Woche Geige, Hockey, Reiten, Tennis, Chinesisch und Ballettunterricht absolvieren, haben wahrscheinlich eine schwer infizierte Mutter.

Therapie (Behandlung):
Das Syndrom kann leider noch nicht medikamentös behandelt werden. Bedauerlicherweise verstärken Medikamente die Krankheit oft bis zum völligen Systemkollaps. Auch Alkohol (vor allem »Aperol Spritz« oder »Hugo«) verstärkt die Symptome. Von regelmäßigen Latte-macchiato-Gaben ist dringend abzuraten.

Langsame Entwöhnung und das streng verordnete Tragen

von alten, ausgeleierten knallpinkfarbenen Jogginganzügen aus Polyester und tagelanges Abhängen auf dem Sofa bei gleichzeitigem Smartphone-Entzug haben sich in manchen Fällen bewährt.

32.

KOCHEN NACH FARBEN

● ○ ● ○ ● ○ ● ○ ●

W as gibt's zum Essen?«, fragte ich meine Mutter nach der Schule und warf den Schulranzen irgendwo im Flur ab.

»Ein Stück Brot und nix dazu!«, scherzte meine Mutter derb bayerisch, während es nach Braten, Dampfnudeln oder Leberkäse in der ganzen Wohnung duftete und ich schnell erraten konnte, was bald meinen leeren Magen füllen würde. Denn bloß »ein Stück Brot und nix dazu« gab es natürlich nie zum Essen.

Ich sehe meine Mutter einen Radi salzen, weil er schwitzen muss. Ich höre das Geräusch des Mixers, der Sahne aufschlägt. Ich schmecke die Hefe. Vor meinem geistigen Auge stehen ein Geburtstags-Gugelhupf, ein gut zu einer Gebirgslandschaft samt Tunnel umzuformender Kartoffelbrei und eine Portion Nudeln mit Tomatensauce, die damals noch nicht nach Pasta-Varianten differenziert wurden, aber doch meist aus Makkaroni bestanden. Ich schmecke noch den heimlich genaschten Plätzchenteig auf der Zunge. Und ich rieche noch den Braten, den Apfelstrudel, die frisch gepflückten Himbeeren auf dem Obstkuchen.

»Was gibt's zum Essen?«, fragen mich heute meine Kinder Eva und Lukas und werfen die Schulranzen in die Ecke.

»Ich hab solchen Hunger!«, rufen sie gleichzeitig.

»Ein Stück Brot und nix dazu!«, antworte ich.

»Komm schon, Mama!«, bettelt Eva. »Sag schon!«

»Das ist unfaire Geheimniskrämerei!«, protestiert Lukas.

»Gemüsesuppe!«

»Ihh!«, ruft Lukas.

»Ich hab keinen Hunger!«, behauptet Eva, und beide Kinder fliehen vor der gesunden Kost ins Kinderzimmer.

Auf dem Speiseplan der Woche, nach welchem mein Mann und ich eingekauft haben, steht eindeutig: »Mittwoch: Gemüsesuppe.« Gestern gab es – den Kindern zuliebe – Wiener Schnitzel, morgen soll Pasta auf dem Tisch stehen. Dazwischen, also heute, muss also unbedingt etwas Vitaminreiches unseren Hunger stillen.

Was wären wir denn für Eltern, die sich nicht um eine gesunde Ernährung der Kinder sorgten? Für diese Binsenweisheit brauche ich keinen Ernährungswissenschaftler: »Wir essen alle zu viel, zu fett, zu kohlehydratreich, zu süß und zu einfallslos.« Und für die nächste Weisheit brauche ich auch keinen Entwicklungspsychologen: »Die schlechten Ernährungsgewohnheiten werden schon in der Kinderstube festgelegt.« Vor allem die zuckerhaltigen Getränke, so stand neulich in der Zeitung, sind verantwortlich dafür, dass unsere Kinder zu dick werden. Dicke Kinder sind wiederum in der geistigen Entwicklung oftmals verzögert, sozial isoliert und kriegen später meist einen niedrigeren Bildungsabschluss. Ich kann also quasi davon ausgehen, dass pro Portion Chips und Cola die Abiturnote um eine Stelle hinter dem Komma sinkt. Mit jeder Tafel Schokolade, einem in Fett ausgebackenen Wiener

Schnitzel und einer Flasche Limonade vereitle ich schon im Vorfeld einen Übertritt meiner Kinder aufs Gymnasium. Jede Ketchupflasche, die mehr Zucker als Schokocreme enthält, wie mir die freundliche Kinderzahnärztin erklärte, bringt sie einem Leben ohne Bildungsabschluss näher. Ich habe eine Verantwortung als Mutter für die bestmögliche gesunde Ernährung der Familie! Wenn Eva und Lukas also heute gegen die Gemüsesuppe protestieren, so ist es meine Pflicht, für sie an ein Morgen zu denken!

Während ich den grünen Lauch, die gelben Karotten und den weißen Sellerie klein schneide, fallen mir die Worte meiner Mutter ein: »Koch einfach nach Farben, nimm so viel Buntes wie möglich. Das sieht gut aus und schmeckt gut.« Wie einfach hatte es doch meine Mutter! Vor dreißig Jahren gab es zwar schon eine Brigitte-Diät, an der sich meine Mutter ausprobierte, aber für uns Kinder kochte sie einfach munter, was der Geldbeutel, die Saison und die Farben gerade hergaben. Ernährungswissenschaftler waren damals noch ähnlich exotisch wie Bioläden, und keine seriöse Tageszeitung wäre auf die Idee gekommen, fünfmal in der Woche neue Erkenntnisse zur gesunden Ernährung von Kindergartenkindern zu veröffentlichen. In der Fernsehzeitschrift standen damals noch Autogrammadressen und nicht die Empfehlung der Deutschen Gesellschaft für Ernährung, wonach für Kinder mindestens dreiundvierzig Prozent des täglichen Essens aus Gemüse, Salat und Obst bestehen sollte. Dreiundvierzig Prozent! Das ist fast die Hälfte der Nahrung!

Während ich das Gemüse in den Topf schütte, seufze ich tief. Bei meinen Kindern erreiche ich maximal zwanzig Prozent! Ach was, wenn ich ehrlich bin, vielleicht zehn Prozent! Und während ich Wasser in den Topf schütte, fällt mir ein, dass wir auch die empfohlene Trinkmenge täglich, nämlich mehr als ein Liter, nur mit zwanzig Prozent zuckerhaltigen Getränken erreichen. Marmelade und Zucker dürfen jedoch den Grenzwert von zehn Gramm am Tag nicht überschreiten. Es ist zum Verzweifeln! Missmutig suche ich einen Kochlöffel, um die Suppe umzurühren – und erwische dabei Eva und Lukas, wie sie aus der Speisekammer heimlich Gummibärchen stehlen.

»Süßigkeiten gibt es nur am Sonntag! Und schon gar nicht VOR dem Essen!«, schimpfe ich und konfisziere die Packung. »Es geht um eure Zukunft!«, schreie ich. »Wollt ihr dicke, ungebildete, arme Leute werden?!«, herrsche ich die Kinder weiter an.

Lukas schaut mich mit großen Augen an und fragt zaghaft: »Bloß, weil wir Gummibärchen essen?«

Eva beginnt leise zu schluchzen.

Ich atme tief durch, entschuldige mich für den Aussetzer und wische Eva die Tränen von der Wange.

»Geht noch spielen! In zehn Minuten gibt es Essen.«

Während ich den Tisch decke, frage ich mich, ob ich selbst nicht auch heimlich Gummibärchen genascht habe und wie meine Mutter damals reagierte.

Nein, ich habe nicht heimlich genascht, weil eine Bonbonniere stets für die ganze Familie offen zugänglich war. Schokolade lag im Wohnzimmerschrank. Ebenfalls öffentlich zugänglich. Und wenn das Geld nicht gerade zum Monatsende ausging, durfte ich mir jederzeit Limonade aus der Speisekammer holen. War meine Mutter verantwortungslos? Aber bin ich nicht auch zu einem gesunden, schlanken Menschen mit Abitur und einem regelmäßigen Einkommen herangewachsen? Wie war das eigentlich möglich?

Ich verlasse die Küche und google »Ernährungswissenschaften«. Der fünfte Link, den ich erwische, lässt mich den Hunger meiner Kinder vergessen. »Die am wenigsten beweisbaren wissenschaftlichen Ansätze finden sich bei den Trophologen«, heißt es da. Erst neulich wurde eine große Kampagne, für die sehr viele öffentliche Gelder flossen, wieder dem Reich der Märchen und Mythen zugewiesen. »Fünf am Tag«, ich hatte auch davon gehört, hieß der Aufruf, sollte man zu sich nehmen. Fünfmal am Tag Gemüse, Obst oder Salat. Damit würden sich alle möglichen Arten von Krebs verhindern lassen und Kinder gesund heranwachsen. Ein halbes Jahr nach dem Beginn der landesweiten Aktionen mussten die Verantwortlichen zurückrudern. Keinerlei Zusammenhang zwischen einem verminderten Krebsrisiko und den fünf Portionen vitaminreicher Kost sei nachweisbar. Zumindest hatten neue Experten das herausgearbeitet. »Gesund ist Gemüse und Obst aber natürlich trotzdem«, hieß es abschließend. Ohne weiteren Beleg. Einfach behauptet – oder abschließend heruntergebetet wie das Amen in der Kirche.

Aha, denke ich, der wissenschaftliche Nachweis ist nicht zu erbringen, aber die Förderung der Gesundheit wird trotzdem behauptet. Das erinnert mich an meine Oma, die stets sagte: »Den Herrgott kann man nicht beweisen, trotzdem gibt es ihn.« Und der Gedanke führt mich noch weiter in meiner Familiengeschichte zurück. Wie hat meine Uroma eigentlich ihre Kinder in den Nachkriegsjahren aufziehen können? Ohne eine Deutsche Gesellschaft für Ernährung?

Weit gefehlt, stelle ich bald über Google fest. Die Deutsche Gesellschaft für Ernährung wurde ursprünglich von den Nazis gegründet, für die Volksgesundheit. Aha. Für kräftiges männliches Kanonenfutter also, für strahlende deutsche Mütter und pausbäckige arische Kinder, während andere … aber daran mag ich gar nicht denken, sonst wird mir schlecht. Ich schalte den Rechner wieder aus und stehe beklommen auf.

»Ich hab Hunger, Mama!«, schreit Eva. »Von mir aus esse ich auch diese blöde Gemüsesuppe!«

»Gibt es wenigstens einen Nachtisch?«, fragt Lukas. »Mein Hauptspeisenhunger ist einfach nie groß!«

Ich schaue meine Kinder an und lächle. Welches Kind mag schon gerne Obst, Salat und Gemüse? Ausnahmen vielleicht. Warum lieben alle Kinder Süßes? Warum lassen wir Erwachsenen uns von Empfehlungen und Ratschlägen zur Gesundheit so zurechtbiegen? Haben die Kinder nicht recht, wenn sie ganz einfach auf ihren Körper hören, der nun einmal Süßes wünscht? Und werden die Ernährungswissenschaftler eines Tages nicht feststellen, dass Süßes wichtig für heranwachsende Kinder ist?

»Mama!«, reißt mich Eva aus den Gedanken. »Die Suppe kocht über!«

Auch das noch, ich eile zum Herd. Aber rede ich mir mit meiner Skepsis nicht alles bloß schön? Was weiß ich! Wenn die Wissenschaftler schon nichts wissen! Ich ziehe den Topf vom Herd und wische die Sauerei auf.

»Bei der Oma schmeckt die Gemüsesuppe wenigstens besser«, bemerkt Eva trocken.

Freilich, fällt mir ein, meine Mutter gibt ja auch immer – ernährungspolitisch völlig unkorrekt – Sahne in die Brühe.

»Wisst ihr was, Kinder? Ich hab heute überhaupt keine Lust auf diese blöde Gemüsesuppe. Seid ihr einverstanden, dass wir heute einfach als Hauptspeise Eis essen?«

Ungläubig starren mich die Kinder kurz an, dann springen sie vor Freude in die Luft. Wir lassen uns das Schokoladeneis schmecken und verbringen einen innigen und lustigen Nachmittag zusammen. Wenn das mal nicht förderlicher ist für die Gesundheit der Kinder!

33.

GUTMÜTTER

●○●○●○●○●

Gutmütter meinen es gut. Mit ihren Kindern, mit unseren Kindern, mit uns Mitmüttern und Mitvätern und überhaupt mit der ganzen Welt wahrscheinlich.

Den Ausdruck habe ich übrigens von meinem Sohn geklaut, der nach einem Besuch bei seinem Freund Max ausnahmsweise einmal mehr berichtete als: »War gut. Muss ich jetzt noch mehr erzählen?«

»Der hat so eine Gutmutter«, erzählte Lukas, »unerträglich.«

»Wie meinst du das?«

»Die ist andauernd ins Zimmer gekommen und hat gestört.«

»Aber ich nerv dich doch auch, wenn ich immer komme und sag: ›Mach endlich Hausaufgaben.‹«

»Aber du störst nicht beim Spielen«, erwiderte Lukas. Aha, mein Sohn gewinnt mir also auch etwas Positives ab.

»Vielleicht hat die Mutter von Max nur sehen wollen, dass ihr bei der Hitze auch genügend trinkt?«

»Nein, Mama, die hat uns vorher schon kalte Getränke gebracht. Und Bio-Gummibärchen.«

»Woher weißt du, dass das bio war?«

»Nur die Bio schmecken so scheußlich.«

»Das war doch einfach nett gemeint.«

»Wenn sie es wirklich nett meint, dann soll sie uns Chips und Cola geben.«

»Das geb ich euch auch nur ausnahmsweise.«

»Aber du kontrollierst nicht andauernd, ob wir uns nicht heimlich doch was gekauft haben.«

Ah, mein Sohn kauft sich also schon heimlich die verbotenen Genüsse.

Was man manchmal so nebenbei erfährt. Sollte ich nicht bisweilen doch auch kontrollieren? Aber nein, wir haben die Abmachung, dass er sich von seinem Taschengeld kaufen kann, was er will. Na ja, zu viel Verbotenem reicht das Taschengeld dann wohl sowieso nicht.

»Und jetzt hat sie mich auch noch heimgefahren«, empörte sich Lukas weiter.

»Na ja, die wusste halt vielleicht nicht, dass du diesen Weg schon lange alleine gehen darfst.«

»Das hab ich ihr aber gesagt! Bloß, sie hat vom schrecklichen Autoverkehr geredet und was da schon alles passiert ist. Die hat mich wie ein kleines Kind behandelt!«

Lukas ist elf und natürlich nienienienie mehr ein kleines Kind. Seiner Ansicht nach hat er die geistige Reife eines 16-Jährigen, jedenfalls, wenn es um die Altersempfehlungen von Computerspielen geht.

»Na ja.« Ich zucke die Achseln. »Die Menschen und auch die Mütter sind halt verschieden. Manche sind ängstlicher und andere weniger.«

»Der Max tut mir leid!« Ah, mein Sohn empfindet immer öfter Mitgefühl mit anderen und denkt nicht mehr bloß an sich.

»Der Max ist mit ihr aufgewachsen, der kennt das nicht anders«, entgegne ich. Was soll ich schon sagen, ich kann doch nicht über die Mutter eines Freundes meines Sohnes herziehen.

»Nein, der Max kennt das schon anders, der besucht ja auch Freunde woanders, und uns ... Aber das mag ich an dir, Mama, dass du immer versuchst, noch das Positive zu sehen.« Wow! Das sind die Gutmomente im Leben, so etwas vom Kind zu hören! So viele Komplimente hab ich noch nie bekommen.

»Eigentlich, wenn ich es mir überlege, bist du eine Bestmutter, Mama!« Sagt er, gibt mir einen Schmatz und düst ins Kinderzimmer ab.

Ich wünschte, Lukas würde öfter andere Gutmütter besuchen, ach was, ich wünschte das nicht nur, ich rufe gleich die Mutter von Max an und frage, ob Lukas sie nicht bald einmal wieder besuchen kann, selten hätte ich ihn so reizend erlebt wie heute nach dem Nachmittag bei ihnen.

34.

HAPPY BIRTHDAY TO YOU, MARMELADE IM SCHUH, APRIKOSE IN DER HOSE, HAPPY BIRTHDAY TO YOU!!!

● ○ ● ○ ● ○ ● ○ ●

Neulich wurde Sophie mal wieder zu einem Kindergeburtstag eingeladen.

Es klingelte also an der Tür, und als ich, gekleidet im allerletzten Schlabberlook, öffnete, stand ein Kurier vor mir und überreichte mir einen schweren, goldgeprägten Umschlag mit Sophies Namen drauf.

Sophie, die sich als alte Neugiernase sofort hinter mir aufgebaut hatte, riss mir den Umschlag begeistert aus der Hand. »Der ist für mich! Für mich! Da steht mein Name drauf! Ist bestimmt von der Amelie! Die hat nächste Woche Geburtstag!«, schrie das Kind und riss ritsch, ratsch den Umschlag auf. Und hinter dem Kurier sprang ein kleiner Clown hervor, der mir nichts, dir nichts auf unseren Küchentisch hopste und anfing, die Einladung nach der Melodie von »Eine Insel mit zwei Bergen« laut herauszusingen, während er wild zwischen den Resten des Mittagessens hin und her steppte. Luftballons

flogen um uns herum, und buntes Glitzer-Konfetti in Herz-
chenform fiel von der Decke.

Sophie war begeistert.

Ich nur teils, teils. Ich meine, es ist ja schön, wenn man das
Kind an einem Samstag in der Früh bei einem Kindergeburtstag abgeben kann, den man nicht selbst ausrichten muss, und
es völlig platt und vollgestopft abends wieder abholt. So ein
ganzer Samstag ohne Kind, mein Gott, was ich da alles machen kann …

Weniger gut fand ich, dass der Clown nach dem Singen mit
den knappen Worten »Ich muss heute noch zu ein paar anderen Kindern, wir sind die nächsten Monate vollkommen aus-
gebucht« schleunigst aus dem Haus verschwand und mich
und Sophie mit über fünfzig Luftballons und vor allem mit
zwei Pfund Konfetti auf dem Boden zurückließ.

Das war die Einladung von Amelie.

Aber nun gut, Hauptsache Sophie freute sich auf den Geburtstag.

»Was wünscht sich denn die Amelie als Geschenk? Frag sie
doch mal bitte«, sagte ich zu Sophie, als sie am nächsten Tag
in die Schule ging. Als Sophie von der Schule zurückkam,
konnte sie mir genau sagen, was Amelie sich so wünschte:
»Ein Plasma-TV mit mindestens 43 Zoll Durchmesser für ihr
Kinderzimmer oder einen neuen Nintendo, ein neues iPhone
wäre auch gut, oder einen sprechenden Papagei, dem sie aber
noch ganz viel selbst beibringen kann, oder ein Apple iPad
oder ein Pony, natürlich ein lebendes, am besten ganz schwarz,
oder einen …«

Das waren die Geschenk-Wünsche von Amelie.

Ich habe mich dann dafür entschieden, ein süßes kleines

schwarzes Plastik-Pony von Schleich zu kaufen und es Sophie als Geschenk für Amelie mitzugeben.

Samstagmorgen um zehn brachte ich Sophie dann auch hin zur Amelie – und fuhr glückselig nach Hause. Ein ganzer Samstag nur für mich (mein Mann war auf Geschäftsreise)! Was ich da alles machen konnte! In Ruhe was essen! Ins Kino gehen! Freundinnen treffen! Fußnägel lackieren! Ich musste mich nur mal kurz hinlegen, die Woche war das reinste Chaos gewesen, und irgendwie fühlte ich mich müde und ausgelaugt. Als ich um kurz nach achtzehn Uhr mit einem Ruck wieder wach wurde, war es auch schon höchste Zeit, loszufahren und Sophie bei Amelie abzuholen.

Sophie hatte völlig glasige Augen und war jetzt ihrerseits so müde, dass ich sie fast zum Auto tragen musste. Das ging aber nicht. Erstens ist Sophie mittlerweile eindeutig zu groß und zu schwer, um sie noch herumzutragen. Ich hab ja auch nur einen Rücken. Und zum anderen hatte sie ein Geburtstagsabschiedsgeschenk bekommen, das fast so groß wie Sophie war und sich noch weniger gut tragen ließ als Sophie selbst. Was wohl in diesem riesigen Paket war? Es war sehr schwer, und ab und an erklang ein leises Tröten. Vage konnte ich mich noch dran erinnern, dass noch wenige Jahre zuvor das übliche Geburtstagsabschiedsgeschenk aus einer kleinen Tüte mit ein paar Süßigkeiten drin bestanden hatte. Wenn in diesem riesigen Paket, das ich gerade schleppte, Süßigkeiten waren, würde ich damit einen eigenen Laden eröffnen können.

»Na, was habt ihr denn so gemacht auf Amelies Geburtstag?«, fragte ich Sophie, als ich sie und ihr Geburtstagsabschiedsgeschenk endlich ins Auto bugsiert hatte.

»Bin müde«, murmelte Sophie.

»Ach, erzähl doch mal«, drängte ich. Ist ja immer ganz gut zu wissen, was die anderen Eltern so veranstalten.

»Also gut«, seufzte Sophie und legte los: »Also, als Erstes waren wir im Zoo, danach im Kino, dann auf dem Pferdehof Ponyreiten, ich hatte ein ganz süßes, ganz weißes, das hieß Sternchen, ich will jetzt immer Ponyreiten gehen, Mama, und dann waren wir in so einem Spielplatz drinnen, weil es angefangen hat zu regnen, Amelies Papa hatte den extra für uns gebucht, weil, wenn es regnet, kann man ja nicht auf einem Ponyhof bleiben, weil da wird man ja dann ganz nass – das will ich nächstes Mal übrigens unbedingt auch machen, Mama, das mit dem Ponyhof unbedingt, und das mit dem Spielplatz auch, und nach dem Spielplatz sind wir dann in einen Flieger gestiegen und irgendwohin geflogen, das hieß Paris, glaub ich, und da war so ein Park, der hieß Disneyworld, glaub ich, und mir ist nur ein bisschen schlecht geworden bei dem Dreier-Looping der Achterbahn, und nachdem dann Amelie, als wir wieder zu Hause bei ihr waren, die Geburtstagstorte fast ganz allein aufgegessen hat, kam Miley Cyrus, du weißt schon, Mama, die aus Hannah Montana, und hat ein kleines Konzert für uns gegeben, wir haben danach noch ein paar Autogramme bekommen und durften uns verkleiden und schminken, und die ganze Zeit war ein Filmteam dabei und hat alles aufgenommen, wir bekommen da auch den Film, wenn er fertig ist, später noch von Amelies Eltern zugeschickt, und ich durfte sogar einmal ins Mikrophon singen … Nächstes Jahr fliegen wir an Amelies Geburtstag übrigens alle zum Mond. Amelies Eltern haben das schon fest gebucht. Und jeder kriegt dann so einen eigenen Astronautenanzug mit seinem Namen drauf – voll cool. Das mit dem Mond, das haben Amelies Eltern jetzt schon gebucht, weil, da wollen irgendwie alle ihren Geburtstag feiern, und wenn man da nicht schnell ist, kriegt man nichts mehr. Mama, kannst du beim Mond nicht auch mal fragen für meinen Geburtstag? Ich hoffe, ich bin nächstes Jahr noch mit Amelie befreundet, ich würde wirklich gerne mal den Mann im Mond treffen, und jetzt mag ich nicht mehr erzählen. Mir ist so schlecht, ich glaub, ich hab zu viele Schokoküsse gegessen.«

Aha. Zu viele Schokoküsse.

Das war die Geburtstagsfeier von Amelie.

Sophie ist dann hinten auf dem Rücksitz selig eingeschlummert und hat wahrscheinlich von einem Berg von Schokoküssen geträumt, durch den sie sich langsam hindurchessen musste, während der Mann im Mond auf der anderen Seite auf sie wartete.

Und auch ich fing an zu träumen. Von den Kindergeburtstagen meiner eigenen Kindheit. Zugegeben, das war in der frühen Kreidezeit, vor ein paar Millionen Jahren. Ich kann mich da so vage dran erinnern. Es gab Süßigkeiten, ein paar Spiele, so was wie Topfschlagen oder »Peter und Paul«, und ansonsten haben wir Kinder einfach gemacht, was Kinder so machen. Miteinander spielen in der Hauptsache. Das war's.

Und jetzt fliegen sie die Kinder zum Mond. Tja, die Menschheit und die Kindergeburtstage entwickeln sich eben weiter. Die Frage ist nur, wohin? Und wie wird die Geburtstagsfeier an Amelies achtzehntem Geburtstag aussehen? Nun, vielleicht gibt es bis dahin ja schon organisierte Geburtstagspartys in einem Paralleluniversum. Kinder erwarten ja gerne mal eine Steigerung von Jahr zu Jahr. Downgraden bei Kindergeburtstagen wird von den Sprösslingen nun mal gar nicht gern gesehen.

In dem großen Geburtstagsabschiedsgeschenk von Amelie war übrigens ein kleiner Elefant drin. Lebend, versteht sich. Der wohnt jetzt bei uns im Garten und frisst am liebsten meine Hortensien. Nächste Woche ist Sophie bei einem anderen Mädchen zum Geburtstag eingeladen. Ich muss zugeben, ich habe etwas Angst. Vor allem vor dem neuen Geburtstagsabschiedsgeschenk. Ich hänge wohl einfach zu sehr an meinen Hortensien.

35.

FREIZEITDIEBELIEBE

● ○ ● ○ ● ○ ● ○

Gefühlte 111 Jahre war ich mit meiner Freundin Marion nicht mehr gemütlich Kaffee trinken. Erst hatte ich zwei kleine Kinder, dann sie vier kleine Kinder, schließlich wechselte ich den Job und sie den Mann, und als wir zuletzt verabredet waren, wechselte ein Autofahrer zu früh die Spur, so dass Marion statt im Café in der Notaufnahme des Krankenhauses landete.

Vor ein paar Wochen haben wir es aber endlich geschafft und uns nicht nur zu einem Kaffee, sondern sogar zu einem ganzen Abendessen getroffen. Ein Sommerabend auf der Restaurantterrasse in einem Park. Vorzügliches Essen, das vor allem nicht selbst gekocht werden musste, dazu ein gutes Glas Wein. Babysitter und Mann waren mit der strikten Anweisung zurückgelassen worden, nur bei einem Vulkanausbruch oder Tsunami vor unserer Haustüre anzurufen. Hübsch gemacht, Parfum aufgelegt, ein schickes Kleid und Schuhe mit Absätzen angezogen (»Keine Sorge, Schatz, das ist nur für Marion, und lesbisch bin ich auch nicht geworden«). Und dazu meine wunderbare, verständnisvolle und kluge Freundin Marion. Traumhaft. Traumhaft. Traumhaft. Ich kann's nicht anders sagen. Zwei Wochen kostenlosen Südseeaufenthalt mit Familie würde ich für so einen Abend opfern. Ohne mit der Wimper zu zucken. Denn mit Marion tausche ich mich nicht bloß aus, wir kommen stets auf die wichtigen Dinge des Lebens zu sprechen und philosophieren über den Sinn des Daseins. Zwar telefonieren wir regelmäßig oder tauschen E-Mails aus – aber solche Gespräche beim Tête-à-Tête können sie nicht ersetzen.

Warum wir uns das eigentlich alles antun, dieses Thema kam schon bei der Vorspeise auf. Job, Kinder, Männer, der ganze Wahnsinn, eine perfekte Mutter sein zu wollen – und es niemals zu schaffen. Wie alles fast kollabiert, wenn die Kinder krank sind. Der Irrsinn mit dem Schulsystem, das uns dazu zwingt, unsere Kinder fast gleich selbst zu unterrichten oder teure Nachhilfe zu bezahlen. Marions völliger Wahnwitz-Alltag als Alleinerziehende mit vier Kindern, der nur deshalb funktioniert, weil sie als Managerin sehr gut verdient, eine Frau (und Mutter!) als Chefin hat und drei Omas (zwei Mütter von zwei verschiedenen Männern und ihre eigene) um die Ecke wohnen.

Bei der Hauptspeise fragten wir uns laut, warum wir trotzdem glücklich sind. Kinder kosten Geld, wir haben keine Freizeit mehr, und wir haben auf die große Karriere verzichtet. »Eigentlich völlig absurd«, stellten wir fest. Ein unglaubliches Paradoxon – Kinder machen arm und reich zugleich.

Zum Dessert gaben wir uns mit keiner der üblichen Erklärungen zufrieden. Ja, wir kriegen so viel von den Kindern zurück. Ja, wir sind nicht mehr ständig mit uns selbst beschäftigt. Ja, wir altern leichter, weil etwas von uns weiterlebt. Ja, ja … nein, keine der üblichen Antworten konnte befriedigen.

Beim zweiten Glas Wein mussten wir kichernd über uns selbst lachen: Jetzt hatten wir endlich einmal einen kinderfreien Ausgehabend – und was machten wir? Wir unterhielten uns nur über unsere Situation mit Kindern. Wie blöd muss man eigentlich sein, bei drei Stunden Freizeit im Jahr fast ausschließlich über das Mutterdasein zu quatschen?

Beim dritten Glas Wein wurden wir ziemlich albern und fabulierten herum. Es müsse doch ein Wort für unsere Situation als moderne Mütter geben. Glucken-Emanzen? Arschkartenzieher? Mamajobwunder? Ach, was für ein sinnloser Spaß, wie lange hatte ich so etwas schon nicht mehr!

Plötzlich stand ein gut gekleideter Mann am Tisch. »Entschuldigung, ich will nicht stören, aber ich habe am Nachbartisch Ihr Gespräch mitgehört. Nicht absichtlich, die Wetterlage trug Ihre Stimmen zu mir.«

Ui, wie drückte der sich denn aus?

»Für Ihr Paradoxon hat sich in meinem Kopf ein Begriff gebildet, verzeihen Sie, wenn Ihnen das Wort falsch gewählt scheint, aber ich wollte es Ihnen trotzdem gerne mitteilen.«

Marion und ich starrten den Typen an. Das roch nicht nach Anmache, dem schien wirklich was im Kopf herumzugehen.

»Ich würde Ihre Situation FREIZEITDIEBELIEBE nennen. Ich wünschte, ich hätte Familie. Guten Abend und noch viel Vergnügen!«

Und weg war er, entschwunden in der Nacht im Park.

Marion und ich blickten uns schweigend und fragend an. Ein Windhauch löschte die Kerze am Terrassentisch. Was war das denn? Ein Mütterversteher? Ein Dichter? Ein Gespenst?

Jetzt suchten wir Begriffe für den Typ und wurden noch alberner, bis der Kellner uns dezent darauf hinwies, dass auf der Terrasse nun Feierabend sei. Wir wollten bezahlen, doch der

Kellner schüttelte den Kopf. Der Mann vom Nebentisch habe die Rechnung schon für uns beglichen.

»Höchst mysteriös!«, meinte Marion auf dem gemeinsamen Stück Heimweg.

»Seltsame Menschen gibt es!«, wunderte ich mich und guckte in die sternenklare Nacht.

»Freizeitdiebeliebe«, kicherten wir noch einmal, ehe jede zu sich nach Hause verschwand.

Am nächsten Tag gab Marion in allen Tageszeitungen eine Annonce auf: »Freizeitdiebeliebe gesucht.« Es meldeten sich Immobilienmakler, Versicherungsvertreter und ein pensionierter Oberstudienrat, aber nicht der gesuchte feine Herr.

»Willst du jetzt noch ein Kind mit noch einem Mann?«, fragte ich sie entsetzt.

»Warum nicht?«, entgegnete Marion. »Wenn der Spruch ›Ein Mann – ein Wort‹ gilt, dann für ihn.«

Marion hatte sich offenbar auf den ersten Blick in ihn verliebt. Und ich wollte natürlich wissen, wie die Lovestory weiterging. Doch Marion meldete sich nicht mehr bei mir. War sie vielleicht mit dem Herrn Freizeitdiebeliebe schon in die Flitterwochen geflogen? Erlebte Marion einen fünften Frühling, während ich neben meinem Mann im karierten Pyjama auf dem Sofa vor der Glotze saß?

Schließlich konnte ich meine Neugier nicht mehr bezwingen und rief sie an. »Ist alles in Ordnung?«, fragte ich dezent nach. »Gibt es etwas Neues?« Marion sprach von diesem und jenem, bis sie begriff, auf was – oder vielmehr auf wen – ich anspielte.

»Ach«, meinte sie lachend, »den Typ hab ich ja schon wieder

vergessen gehabt. Der Alltag, der übliche Irrsinn, du weißt schon … Nein, ich hab es mir sowieso anders überlegt. Mir reichen doch schon die Kinder. Nein, ich brauche eigentlich nicht noch eine Freizeitdiebeliebe dazu.«

Ich werde mich bald wieder mit Marion verabreden, Abende mit ihr sind einfach unvergesslich.

36.

PERSÖNLICHKEITSTEST
ZU WEIHNACHTEN

● ○ ● ○ ● ○ ● ○

Kreuzen Sie bitte an, was auf Sie zutrifft, wir erstellen Ihnen daraus ein Persönlichkeitsprofil.

A. Weihnachten ist die schönste Zeit mit der Familie, endlich kommen wir alle zusammen und feiern gemütlich.

B. Weihnachten ist Konsumterror und sinnentleertes Klimbim. Ich stehe doch bloß von morgens bis abends in der Küche und versuche, die heile Familienwelt aufrechtzuerhalten nur wegen der Kinder!

C. Weihnachten ist ein Fest wie jedes andere auch, aber mit Erwartungshaltungen überfrachtet. Es ist differenziert zu sehen – schöne Familienzeit einerseits, aber auch sehr viel Privatstress.

Auswertung:

A. Sie sind eine Glucke. Wundern Sie sich nicht, wenn Ihr Mann Sie morgen wegen einer Jüngeren verlässt. Wie blöd sind Sie eigentlich? Sie haben komplett versagt, auf der ganzen Linie.

B. Sie haben ein massives Beziehungsproblem. Liebe und Konsum lassen sich immer zusammenbringen, auch wenn Ihr Mann das Gegenteil behauptet. Wie blöd sind Sie eigentlich? Sie haben komplett versagt, auf der ganzen Linie.

C. Sie sind viel zu rational gesteuert und herzlos. Kennen Sie überhaupt Gefühle? Wie blöd sind Sie eigentlich? Sie haben komplett versagt, auf der ganzen Linie.

Wir wünschen Ihnen und Ihren Lieben ein friedliches Fest!

37.

ENDLICH MONTAG!

● ○ ● ○ ● ○ ● ○

Während alle Welt über den Montag klagt und das Wochenende herbeisehnt, freue ich mich am Freitagnachmittag schon wieder auf den nächsten Montag. An Montagen sind überstanden: Großfamilienfeste, Kleinfamilienausflüge, Kindergeburtstagsfeiern, Weihnachts- und Osterferien, Nachbarschaftsgrillen und die typischen »Was unter der Woche liegen blieb«-Aktivitäten wie: Kühlschrank putzen, Wäsche aussortieren, Geschenke besorgen, Tante Dora zurückrufen, Hausaufgabenkontrollmarathons, Großeinkäufe und Blumen umtopfen.

Lange Zeit dachte ich, mit mir stimme etwas nicht. Liebe ich meine Familie zu wenig? Bin ich jobfixiert oder gar ein Workaholic? Hätte ich nicht sogar lieber Single bleiben sollen, wie mir mein Mann einmal im Streit vorgeworfen hat, nachdem ich ihm gestanden hatte, dass ich eigentlich gerade lieber arbeiten würde, statt das Weihnachtsessen für die Großfamilie vorzubereiten? Neulich stieß ich auf eine wissenschaftliche Beschreibung meines Montagsempfindens. Soziologen trennen »produktive« und »reproduktive« Arbeit. Produktiv ist draußen in der Welt der Büros (früher bei der Mammutjagd),

reproduktiv ist drinnen bei der Versorgung der Liebsten (früher beim Mammutgrillen). Entscheidend ist dabei aber nicht die Begrifflichkeit, sondern ob »Mammutgrillen« auch als Arbeit gesehen wird. Aha, dachte ich mir, kein Wunder, dass ich die Wochenenden und Ferien nicht so beglückend empfinde. Da gehe ich nämlich nicht nur Mammuts jagen, sondern grille sie auch noch, und »nebenher« nähe ich dann aus den erbeuteten Häuten und Fellen die stylishen Klamotten für die Kinder und erkläre den Kleinen nebenher, wie man das alles macht, während mein Mann sich von der anstrengenden Mammutjagdwoche erholt und sich so dermaßen auf die Familienzeit freut, dass er sie mit unendlich vielen schönen gemeinsamen Aktivitäten (alles, nur kein schnödes Putzen, keine Hausaufgabenkontrolle, Aufräumerei etc.) ausfüllen will.
Auch meine Kinder sehen das ganz anders als ich. Mammuts am Wochenende zu grillen ist ihrer Meinung nach ein Heidenspaß im Gegensatz zu schnöder Steinzeitschule oder den unchristlichen Büroarbeitszeiten. Freitagmittag beginnen für meinen Mann und meine Kinder die schönsten Stunden, weil jede Pflicht von ihnen abfällt. Klar, sie haben auch etwas zu tun, zum Beispiel noch fünf Vokabeln lernen oder eine Autobatterie wechseln oder sonst vielleicht … ja, was eigentlich? … aber im Prinzip gilt jetzt für sie »just for fun«.
Naturgemäß habe ich versucht, diese Erkenntnis mit meinen Liebsten zu teilen. Mit Hilfe des Mammutvergleichs. Ich erntete nur verständnislose Blicke und so konstruktive Vorschläge wie: »Dann geh halt nicht mehr jagen!« Oder: »Warum ruhst du dich nicht aus?«
Selbstverständlich wollte ich auch meine Familie zur Einsicht zwingen, indem ich sie ein ganzes Wochenende mit rohem Mammutfleisch alleine ließ. Da gingen sie zur Nachbarhöhle

mit angeschlossener Familienmutter und schmissen eine Grillparty. Spätabends fanden sie es »chillig«, dass mal nicht alles so aufgeräumt war, und Knochenberge schoben sie einfach zur Seite, statt sie anständig in die Recyclingtonne zu werfen.

Und freilich habe ich auch versucht, das Grillen einfach sein zu lassen und mich ihren Steinzeitmethoden anzuschließen. Aber da kam plötzlich Wotan zu mir und donnerte mich an: »Wenn du das weiter so machst, werden deine Kinder nie groß und stark und werden niemals Mammuts fangen, geschweige denn grillen können.« Der Blitz schlug dazu in die nächste Eiche ein, verfehlte mich um Haaresbreite, und ich erwachte schweißgebadet. Ich brauchte einige Momente, bis ich mich in der Realität zurechtfand. Gut. Es war halb sieben Uhr. Gleich würde der Wecker klingeln und mich in die zauberhafte Welt des Wochenbeginns entführen: Es war Montag.

38.

EIN TRITT IN DIE LAMPEN – BETTHUPFERL FÜR MÜTTER

● ○ ● ○ ● ○ ● ○

S ie liegen jetzt vielleicht im Bett und versuchen, sich mit einem guten (nein: sehr guten, unserem nämlich! ☺) Buch noch ein klein wenig zu unterhalten, ehe spätestens fünf Seiten weiter Ihre müden Mütterlider zufallen. Vielleicht wollen Sie sich auch noch ein klein wenig ablenken, von sich selbst, und nicht mehr daran denken, was Sie heute wieder nicht geschafft haben. Im Büro blieb ein wichtiger Brief liegen, weil Sie es sonst nicht mehr geschafft hätten, die Kinder von der Kita abzuholen. Statt einer gesunden Gemüsesuppe haben Sie vielleicht nur schnelle Pasta gekocht. Die Tochter haben Sie angeschnauzt, weil sie einfach nicht zum Zähneputzen gehen wollte. Und erst, als der Sohn schon schlief, ist Ihnen wieder eingefallen, dass Sie eigentlich noch dringend eine Deutschübung mit ihm hätten machen müssen. Und das Bad wollten Sie eigentlich auch noch putzen.

Doch aus all den Vorhaben wurde ebenso wenig wie aus der Steuererklärung, die Sie schon seit Monaten aufschieben. Ach, und dann haben Sie noch vergessen, sich bei der Nachbarin zu bedanken für die Päckchenannahme neulich. Wenn Sie jetzt nicht endlich täglich eine neue To-do-Liste schreiben und sie langsam abarbeiten, werden Sie im Chaos versinken. Woher nehmen all die anderen nur die Energie, so viel zu arbeiten, sich so fürsorglich um die Kinder zu kümmern und auch noch eine adrette Partnerin zu sein? Denn das kommt ja auch noch dazu: Mit einem Schwabbelbauch fühlen Sie sich unattraktiv, und Ihren Mann haben Sie nun schon zweimal nacheinander abblitzen lassen. Und jetzt kommt dieses Buch auch noch daher und konfrontiert Sie mit Ihrem Versagen auf der ganzen Linie! Bevor Sie uns jetzt gleich in die Ecke feuern, sei Ihnen gesagt: Sie sind nicht allein mit diesen Gefühlen, Millionen Mütter teilen sie.

Wir werden den Ansprüchen der anderen – und vor allem denen an uns selbst – nie, nie, nie gerecht. Sie hängen zu hoch. Sie sind nicht zu schaffen. Wir können nicht gleichzeitig die aufopfernde Mutter, die fleißige Arbeitsbiene, die gechillte Partnerin und die Teilzeit-Haushälterin sein. Stellen Sie sich vor, Sie würden einer guten Freundin schildern, aus was Ihr Tag heute bestand, und ihr aufzählen, was Sie alles *nicht* geschafft haben. Die gute Freundin würde Sie kopfschüttelnd ansehen und sagen: »Da muss ich mich ja fast für dich fremdschämen, weil du gar nicht siehst, was du *trotzdem noch* alles geschafft hast.«

Noch besser aber denken Sie daran, mit welchen Worten Sie Ihren Nachwuchs jeden Abend ins Bett bringen. Sagen Sie vielleicht: »Ich liebe dich unendlich.« – »Du bist das Beste, was mir je im Leben passiert ist.« – »Du bist so wunderbar, ich hab dich immer lieb, egal, was passiert.«

Dann sagen Sie all das auch zu sich selbst. Denn Sie sind die beste Mutter für Ihr Kind, kein anderer Mensch könnte Ihr

Kind mehr lieben und es besser machen als Sie. Ob Sie arbeiten oder nicht, ob Sie einen ordentlichen oder chaotischen Haushalt haben, ob Sie gerne ausgehen oder stubenhocken, ob Sie heute gechillt waren oder geschrien haben, ob Sie sich anstrengten oder faulenzten – Sie sind genau richtig so, wie Sie sind. Und wer immer Ihnen das Gegenteil erzählt, hat Unrecht. Sie sind nicht perfekt und sollen das auch gar nicht sein. Sie haben Ihre Fehler wie jeder Mensch. Würden Sie vielleicht Ihre Kinder so lieben, wenn Sie vollkommen wären? Würde Sie das nicht viel mehr beängstigen? Wäre Ihr Mann nicht so viel weniger attraktiv, wenn er neulich nicht versucht hätte, Sie mit einem Dreigängemenü zu überraschen, und als Sie heimkamen, waren die Töpfe verkohlt?

Wir sollten nicht perfekt sein wollen, sondern menschlich wertvoll. Alfred Hitchcock, der große Regisseur, hat das bei seinen großartigen Filmen so gemacht: Er ließ eine Szene am Set stundenlang ganz genau ausleuchten. Jeder Lichteinfall, jeder Schatten und jede Graustufe sollte perfekt stimmen. Als die Beleuchter schließlich zu seiner Zufriedenheit fertig gearbeitet hatten, schickte er sie hinaus, verband sich die Augen und schmiss eine beliebige der perfekt aufgestellten Lampen um. Laut Hitchcock würden Filme nur wirklich liebenswert und wahrhaftig, wenn sie das wirkliche Leben wiedergeben – und das ist nie perfekt.

Schmeißen Sie eine innere Lampe um und schlafen Sie gut, liebe Mutter.

39.

MUTTITASKING

●○●○●○○○

Es gibt Sätze, die stellen eine ganze Ehe in Frage. Dramen und Soaps haben ihren Höhepunkt, wenn es heißt: »Ich habe mich in einen anderen verliebt.« Oder: »Es muss noch einmal etwas Neues in meinem Leben passieren.« Oder auch: »Das sind also deine Überstunden, die Blonde aus dem dritten Stock.«

Mein Alltag ist viel banaler. Mein Mann und ich sind uns treu (nehme ich jedenfalls mal an, was ihn betrifft), und die Dramen in unserem Leben spitzen sich zu, wenn einer sagt:

»Wo ist Evas Handy?« Folge: stundenlanges Suchen.

»Schon wieder eine Fünf in Latein bei Lukas!« Folge: tagelanges Lernen.

Oder: »Was soll ich denn noch alles tun, ich mache doch eh schon so viel!« Folge: jahrelanges Schmollen meinerseits.

Oder verkleiden sich bei uns die Sätze bloß in ganz unscheinbarere Hüllen, damit sie kein richtig großes Drama auslösen? Neulich jedenfalls geschah Folgendes: Mein Mann sollte noch zu einem kurzen beruflichen Termin am Abend. Ich hatte zuvor vergessen, Semmeln für das Abendessen einzukaufen. Also bat ich meinen Schatz: »Kannst du dann auf dem Rückweg gleich noch fünf Semmeln mitbringen?« Ich verlangte wirklich keine Extremsportleistung, denn der Bäcker liegt direkt auf dem Weg, den mein Mann nehmen wollte. Um die betreffende Uhrzeit ist dort auch noch geöffnet, und soviel ich weiß, haben die Verkäuferinnen dort noch nie einen Kunden umgebracht.

»Nein, das geht nicht, das ist mir zu viel, ich muss mich jetzt auf den Kunden konzentrieren. Und nicht auch noch an so was wie Semmeln denken.« Sagte der Mann, mit dem ich seit über zehn Jahren verheiratet bin und mit dem ich zwei Kinder habe.

Nach einem entsprechenden Blick meinerseits fügte er hinzu: »Lieber komme ich heim und gehe dann noch mal schnell zum Bäcker, aber jetzt verlange nicht von mir, dass ich an Semmeln denke.«

Und weg war er, der Mann, mit dem ich seit über zehn Jahren verheiratet bin und mit dem ich zwei Kinder habe.

Er kam wieder. Ohne Semmeln.

Mittlerweile hatte ich Lukas noch schnell zum Bäcker geschickt, und er hatte eingekauft.

Wir aßen zu Abend, führten Alltagsgespräche, und irgendwann ging ich ins Bett. Doch statt einzuschlummern, tauchte in meinem Kopf plötzlich eine Frage auf, ganz undramatisch, ganz banal: »Sag mal, hast du eigentlich den richtigen Mann geheiratet?« Bilder meines Lebens drängten sich auf. Wie ich jeden Abend Einkaufszettel schreibe und nach Büroschluss nicht nur die Kinder vom Hort abhole, sondern auch noch auf die Schnelle Lebensmittel besorge. Wie ich mit Kunden telefoniere in genau den Lücken, in denen Lukas und Eva still alleine Hausaufgaben machen. Wie ich per Mail einen Vertrag verhandle, gleichzeitig koche und am Telefon eine Freundin

tröste. Wie ich beim Autofahren meinen Sohn Vokabeln ab-
frage. Wie ich vom Büro aus in zwei Minuten ein Krisenma-
nagement für die kranken Kinder stemme. Wie ich in der Mittagspause in eine Lehrersprechstunde gehe. Wie ich zwischen
Schwiegermutterbesuch und Vorstellungsgespräch T-Shirts
für Lukas ergattere. Bilder über Bilder und Fragen über Fragen. Das heißt, eigentlich nur eine Frage: Warum kann mein
Mann auf dem Rückweg von einem beruflichen Termin keine
Semmeln kaufen?

Mein Mann ist weder debil noch sozialgestört, das sei hinzu-
gefügt.

»Schatz«, sagt er am nächsten Morgen nach der Nacht, die
mein Weltbild ins Wanken brachte. »Soll ich heute Semmeln
kaufen nach Büroschluss?«

Was ist das jetzt? Hat er ein schlechtes Gewissen? Seit wann
hat er verstanden, dass unsere Familie jeden Tag frische Lebensmittel braucht?

Auf meinen entgeisterten Blick hin fährt er fort: »Jetzt schau
nicht so! Ich streng mich doch an, auch wenn ich einfach …
wie soll ich sagen … Wir Männer können Multitasking einfach nicht so wie ihr Frauen, speziell wenn wir auch noch
Kinder haben. Ich bewundere dich zutiefst dafür, wie du das
alles schaffst, hab ich dir das schon einmal gesagt?«

Man sollte bei der Geburtsvorbereitung den Kurs erweitern
um »Papatasking« für Männer. Und für die Frauen sollte die
Entsprechung lauten: »Wie wehre ich mich gegen den Charme
der Männer, die uns wegen angeblicher Unfähigkeit in Sachen
›Muttitasking‹ das Alltagsfamilienleben überlassen?«

40.

MAMA, DU NERVST!

● ○ ● ○ ● ○ ● ○ ●

Alle Mütter, die schon etwas größere Kinder haben – damit meine ich welche, die schon in der Lage sind, im Notfall selbst an den Kühlschrank, wenn auch noch nicht selbst einkaufen zu gehen –, kennen garantiert diesen Satz: »Mama, du nervst.«

Und Mütter, die schon Kinder haben, die in der Lage sind, sich zusätzlich völlig alleine quer durch die Stadt zu bewegen, hören diesen Satz wahrscheinlich noch viel häufiger als die Mamas der kleineren Kinder.

Denn dieser kleine Satz häuft sich nämlich umgekehrt proportional zum Selbständigwerden der Kinder. Je selbständiger die Kinder werden, desto mehr nerven Mamas.

So ist das.

Kennen wir ja alle noch von unseren eigenen Müttern. Mein Gott, aber was konnten und können die einen auch nerven!

»Kind, hast du auch warme Unterhosen an?« Das Kind ist dreißig und Geschäftsführerin.

»Kind, isst du auch genug?« Das Kind ist dreiunddreißig und auf Diät.

»Kind, zu viel Fernsehen ist ganz schlecht für die Augen.«

Das Kind ist fast fünfunddreißig und hat sich gerade stolz den ersten riesigen Flat-Screen gekauft.

Die eigene Mama hört aber meistens schlagartig auf mit dem Generve, wenn man selbst Kinder hat.

»Mama, könntest du vielleicht das erste Wochenende im Mai Sophie übernehmen? Mein Mann und ich wollen nach Paris. Endlich mal wieder Zeit zu zweit. Wir haben das dringend nötig.«

»Mama, Sophie hat neununddreißig Fieber, und ich habe morgen einen Abgabetermin, könntest du nicht schnell mal vorbeikommen und dabei noch einen kleinen Schlenker in die Apotheke machen und Paracetamolzäpfchen besorgen?«

»Mama, ich würde so gerne mal wieder diesen Braten mit den selbstgemachten Spätzle essen. Wie wär's denn, wenn ich und der Rest der Familie ganz spontan am Sonntagmittag zum Essen vorbeischauen würden?«

Tja, Selbständigkeit, Abhängigkeit und »Mama, du nervst« hängen irgendwie zusammen.

Und wollen wir mal ehrlich sein: So richtig nerven gehört doch einfach zur Jobbeschreibung jeder richtigen Mutter dazu. Wo würden die Kinder denn hinkommen, wenn Mamas nicht mehr nerven würden. Nicht auszudenken! Wir wären sofort im Hottentottenland. Nur noch Süßigkeiten, und bei minus zwanzig Grad im Mini und bauchfrei in die Schule. Das kann nicht gutgehen. Das eine gibt Karies, das andere entweder eine Blasenentzündung oder eine verfrühte Schwangerschaft.

Da nerv ich doch lieber.

Interessant ist daran, dass ich, seit ich Mutter bin, oft von völlig fremden Müttern völlig genervt bin. Da gibt es so verschiedene Mama-Typen, die mir ganz gehörig auf den Nerv gehen.

Da gibt's zum Beispiel die »Ich ernähre mein Kind besser als du deins«-Mama. Das sind solche Mütter, die es schaffen, in einem Hotel beim Abendessen, während ich meinem Kind gerade eine Limo verbiete und streng vom Kellner eine Apfelsaftschorle mit biologischem Apfelsaft verlange (und natürlich dafür ein »Mama, du nervst jetzt echt« kassiere), mir süffisant zuzulächeln, um so leicht dahinzusagen: »Also, meine Kinder trinken seit Jahren nur noch Quellwasser. Fruchtsäfte sind ja ganz schlecht für die Zähne, habe ich mir sagen lassen.«

Boing. Schiff versenkt.

Schade, dass ich leider meist zu feige bin, im richtigen Moment einfach mal zu einer fremden Mama zu sagen: »Mama, du nervst.«

41.

MATHEAUFGABE EINER
VIERTEN KLASSE

● ○ ● ○ ● ○ ● ○ ●

Die neunjährige Amelie will eine Jacke kaufen. Die Jacke kostet 495,00 Euro. Amelie hat aber nur 300,00 Euro. Hinzu kommt das Taschengeld von 50,00 Euro. Vielleicht gibt ihr ihre Oma auch noch 50,00 Euro dazu.

Wie viel Geld fehlt Amelie noch, um die Jacke kaufen zu können?

Was ist an dieser Aufgabe falsch?

Ein kleiner Tipp: Es ist nicht das mathematische Ergebnis dieser Aufgabe.

Und nein, die Rechenaufgabe mit einem solch exaltierten Preis für eine Kinderjacke haben wir uns nicht aus den Fingern gesogen, sie wurde so gestellt, und nein, es ist keine Aufgabe aus einer Schule, auf die unsere Kinder gehen.

42.

BESSERE MENSCHEN

●○●○●○●○●

Wer die menschliche Gesellschaft will, muss die männliche überwinden.« Das steht wortwörtlich im Programm einer sehr großen deutschen Partei.

Ich bin zufällig darauf gestoßen, und der Satz behagt mir überhaupt nicht.

Wie sollen wir das verstehen? Als den Versuch, ein neues Matriarchat zu begründen? Oder als Anleitung für alle männlichen Toilettenbesucher inklusive Besucherjungs im Alter von zwölf Jahren, bloß nicht im Stehen zu pinkeln, damit wir nicht plötzlich morgen in saudiarabischen Verhältnissen aufwachen? Oder heißt das schlichtweg frei interpretiert, dass ich fortan zu einer Samenbank gehe und meinen männlichen Chef dem Tierreich zuordnen soll?

Okay, jetzt mal ohne Ironie: Ja, die Welt soll besser werden, wir wollen keine Kriege, keine Missbrauchsfälle und keine nur mit Männern gefüllten Chefetagen. Aber warum stößt mir dann die Aussage so sauer auf? Falle ich damit meinem eigenen Geschlecht nicht in den Rücken? Das würde ich unter keinen Umständen wollen. Denn ich bin noch mit lila Latzhose aufgewachsen, die frau selbstverständlich ohne BH trug. All denjenigen, die lila Latzhosen und büstenhalterloses Jonglieren beim Gehen für eine modische Kreation des Jahres 1879 von Karl Lagerfeld halten, sei erklärt: Im ausgehenden 20. Jahrhundert *zeigte* sich frau auch als Feministin. Frauen bekannten sich öffentlich zu einem Schwangerschaftsabbruch in einer großen Illustrierten, der vaginale Orgasmus wurde als patriarchale Erfindung verteufelt und der Schlachtruf ausgegeben: »Das Private ist politisch!« Eine noch junge Alice Schwarzer gründete eine Zeitschrift, die ehrenwerte Bürger nicht einmal mit Gummihandschuhen angefasst hätten, und an den Universitäten entdeckten Frauen in allen Fächern – von Altgriechisch bis zu Mathe – antifeministische Strukturen, die es zu analysieren galt.

Ach, waren das noch Zeiten! Auf der einen Seite standen konservative männliche Politiker, die ganz allgemein bedauerten, dass man Weiber nicht mehr in Frauen und Fräuleins einteilen konnte. Auf der anderen Seite standen all die progressiven Feministinnen, die sich aufgrund der Titulierung nicht mehr über ihren Beziehungsstand definieren wollten. (Nebenbei: Was hält Frau Schwarzer jetzt eigentlich von Facebook, wo alle ganz genau angeben, ob sie verliebt, verlobt, verheiratet, in Trennung lebend oder auch »alleinerziehend mit Mann« sind?) Selbstverständlich war vor allem eins: Solidarität mit anderen Frauen, ob nun Fräuleins oder Frauen.

Meine Mutter hatte die *Emma* abonniert, als Kind waren mir die Artikel zu lange Bleiwüsten, aber die »Chauvi-Sprüche« des Monats waren eher einfach zu lesen. Mein kindliches Weltbild ergab ziemlich klar: böse Männer. Gute Frauen. Zumal auch mein Vater nicht müde wurde zu sagen: »Wir haben ein verkrüppeltes Chromosom, nur Männer haben Kriege begonnen. Frauen sind einfach die besseren Menschen.«

Hm.

Was mein Vater gerne sagte, steht nun auch in einem Partei-programm.

Schlägt der Feminismus jetzt über die Stränge? Aber das kann nicht sein, wenn man sich die Statistiken über Aufteilung der Hausarbeit und Kindererziehungszeiten ansieht. Wenn der Jahresbericht zu den mächtigsten und reichsten Menschen der Welt kommt. Wenn alleinerziehende Mütter immer noch das größte Armutsrisiko haben.

»Was guckst du so?«, fragt mich meine neunjährige Tochter Eva, als ich gerade wieder einmal darüber nachdenke, was mich an diesem Parteiprogramm so stört.

»Keine Ahnung, Eva, da ist so eine politische Aussage, die mich irgendwie stört, und ich weiß nicht, warum.«

»Nur Frauen sollten Politik machen, sagt der Opa immer!«, mischt sich mein elfjähriger Sohn Lukas ein.

»Was machen Politiker überhaupt?«, fragt Eva.

»Du bist einfach nur blöd!«, zischt Lukas seiner Schwester zu.

»Moment mal, ihr zwei!« Der aufflammende Streit interes-siert mich heute einmal ausnahmsweise nicht. »Kommt mal her, ich hab eine Frage an euch.«

Misstrauisch treten Eva und Lukas zu mir hin und erwarten wohl eine Standpauke, weil sie die Hausaufgaben immer noch nicht gemacht haben.

»Was meint ihr eigentlich dazu, dass Frauen die besseren Menschen sind?« Ich frage ganz offen – Kinder haben ja manchmal einen ganz neuen, aufregenden Blickwinkel auf Dinge.

»Sagt der Opa immer«, konstatiert Eva.

»Nö!«, meint Lukas kurz.

»Doch!«, widerspricht Eva. »Wir sind besser!«

»Du schon gar nicht, du bist bloß ein Mädchen und keine Frau, wachs erst mal!« Lukas wirft Eva einen triumphierenden Blick zu.

»Los, geht endlich Hausaufgaben machen!«, schick ich beide weg. War wohl nichts mit einem neuen Blickwinkel und Wahrheit aus Kindermund.

Und was mache ich jetzt mit meinem unbehaglichen Gefühl? Warum beschäftigt mich unpolitischen Menschen eigentlich überhaupt das Programm einer Partei plötzlich so?

Ich lasse die Kinder streitend Hausaufgaben machen und google Feminismus. Ellenlange Theorien, neue Tendenzen, hunderttausend ungeklärte Fragen. So komme ich nicht weiter.

Abends befrage ich meinen Mann beiläufig.

»Keine Ahnung, wer besser ist«, zuckt mein Mann mit den Schultern. »Hab ich dir eigentlich schon gesagt, dass ich am Samstag zum Fußball gehe? Wollte mich ja bessern und das rechtzeitiger ankündigen.«

Drei Tage später frage ich meine Freundin Marion zu dem Thema. »Ich glaub schon, dass wir besser sind als Männer. Aber was soll's. Im Alltag spielt das doch keine Rolle.« Marion hat vier Kinder, Pragmatismus liegt ihr nahe.

Ich geb's auf. Manche Fragen lassen sich einfach nicht beantworten. Wie komme ich eigentlich als berufstätige Mutter dazu, mich mit so etwas herumzuschlagen? Hab ich keine anderen Sorgen? Außerdem kommt gleich ein Freund meines

Sohnes, der als kompliziert gilt. Und tatsächlich streiten sich Lukas und er nach drei Besuchsminuten über die Auswahl eines Videospiels.

»Das ist unfair, wenn wir Unchartet spielen«, sagt der Freund von Lukas, »da bist du viel besser und wir nicht gleichberechtigt.«

Ah! Natürlich! Der Junge hat recht (dass er offenbar viel klüger als mein Sohn ist, schlucke ich jetzt einfach mal!).

Wir Frauen möchten einfach nur – in Großbuchstaben zum Mitlesen – GLEICHBERECHTIGT sein. Und das heißt eben nicht, die »besseren Menschen« zu sein, im Gegenteil, es ist eine Art positive Diskriminierung! Das störte mich also die ganze Zeit.

Noch einen Tag später bekommt mein Unbehagen am Parteiprogramm und meine Erklärung dazu auch noch den lila Segen von ganz oben. »Frauen sind nicht die besseren Menschen, wer das sagt, lügt einfach«, lese ich von keiner Geringeren als Alice Schwarzer.

Na denn, Mädels, Fräuleins und Weiber – lasst euch ernst nehmen und nicht als bessere Menschen bewerten. Mit Heiligenschein lebt es sich nur im Himmel gut oder als Mutter Teresa.

43.

DAS LEBEN DER ANDEREN

● ○ ● ○ ● ○ ● ○ ●

Es gibt – seit Sophie so ungefähr neun ist – kaum einen Tag, an dem meine Tochter nicht aus der Schule kommt und mir vom Leben der anderen erzählt:

»Katinka darf jeden Tag nach der Schule fünf Stunden Fernsehen gucken!«

Aha. Also entweder ist Katinkas Mutter völlig bescheuert oder völlig überfordert, oder Katinka lügt wie gedruckt (was die wahrscheinlichere Sache ist), oder aber das arme Mädel hat mit neun noch keinerlei Vorstellung von Stunden.

»Marie hat ein paar Converse mit Streifen und Sternen drauf! Die will ich auch! Mama, kaufst du die mir bitte, bitte? Meine Converse sind so blöd. Die von Marie sind viel besser. Schöner. Bunter. Neuer. Toller. Kein Wunder, dass Marie viel mehr Freundinnen hat als ich.«

Nie im Leben. Sophie hat gerade letzte Woche ein paar neue Converse bekommen. Wie viele Converse will sie noch? Und seit wann gewinnt man Freundinnen mit Converse? Und außerdem machen diese Converse selbst neunjährigen zuckersüßen Mädchen, die eigentlich nur nach Milch und Honig riechen sollten, unglaubliche Käsefüße.

»Charlotte hat einen eigenen Computer! In ihrem Zimmer! Schon seit einem halben Jahr. Hat ihr ihre Mutter geschenkt. Und ihr verbietet mir das und wollt mir einfach keinen kaufen! Charlottes Mutter ist überhaupt viel cooler als du. Die kauft ihr immer ganz viele Sachen. So eine Mutter will ich auch haben.«

Oje. Jetzt bin ich getroffen. Und sauer. Nur weil ich einen eigenen Computer für Neunjährige für völlig übertrieben und schädlich halte, bin ich also nicht mehr cool. Soll einfach ausgetauscht werden. Weggeworfen auf den großen »Meine-Mama-nervt-nur-noch-Müllberg«. Welch grausames Mutter-Schicksal nach all den Jahren der Aufopferung und all den schlaflosen Nächten!

»Louise hat übrigens ein iPhone zu ihrem Geburtstag gekriegt. So eins will ich auch haben, ich hab nur so ein blödes anderes Teil. Alle anderen haben schon längst iPhones. Manche sogar ein eigenes iPad. Nur ich nicht! Ich bin das einzige Kind in der ganzen Schule, das mit so einem blöden normalen Handy rumlaufen muss!«

Ich glaub, ich hab's am Ohr! Jetzt will sie auch noch ein eigenes iPhone! Ich musste über vierzig werden, um überhaupt ein iPhone zu bekommen (vorher gab's die Dinger noch gar nicht, aber das muss Sophie jetzt nicht unbedingt wissen). Sie hat mit neun ein eigenes Handy. Nun gut, es ist ein altes Handy von mir (von vor meiner iPhone-Zeit) und nur mit einer Prepaid-Karte für zehn Euro ausgestattet – aber trotzdem. Soll doch dankbar sein, dass sie überhaupt ein Handy hat.

Tja, so ist das bei uns mittlerweile.

Seit Sophie so ungefähr neun Jahre alt ist, ist das Leben der anderen eindeutig besser. Schöner. Toller. Reicher.

Und sie ist das einzige Kind in der ganzen Schule, wenn nicht gar auf der ganzen Welt, das nichts hat. Nichts darf. Und viel zu viel muss. Und überhaupt ist Sophie ihrer Meinung nach das ärmste Kind auf der ganzen weiten Welt. Mit den strengsten, schlimmsten, grausamsten Eltern, die die übelsten Strafen verhängen, die man sich nur so vorstellen kann.

Also, wie man sieht, finden nicht nur Stasi-Mitarbeiter in dem großartigen oscargekrönten Film »Das Leben der Anderen« äußerst anziehend.

Nach eingehenden Recherchen im Freundes- und Bekanntenkreis habe ich übrigens festgestellt, dass sich komischerweise darin kein einziges Kind befindet, das mit neun Jahren tatsächlich schon ein eigenes iPad oder ein eigenes iPhone hat. Also keine Ahnung, woher Sophie anscheinend so viele technisch voll üppig ausgestattete Kinder kennt. Aber das ist kein Argument, das in irgendeiner Form bei Sophie greifen würde. Ich versuche es daher mal anders: »Aber in Afrika gibt es Kinder, die noch nicht mal was zum Essen haben! Und du willst ein neues Handy, obwohl du schon eines hast, das funktioniert!«

»Davon werden die Kinder in Afrika auch nicht satt!«

»Aber wir könnten das Geld spenden!«

»Und du, du hast dir gestern ein paar neue Schuhe gekauft, obwohl du schon mindestens zweihundert im Schrank hast! Und nur bei mir, mir erzählst du von Afrika!«

Sophie wirft mir diesen letzten, grammatikalisch nicht ganz richtigen Satz an den Kopf und geht wütend nach oben in ihr Zimmer, wo sie die Tür mit einem lauten Knall zuschlägt. Boing.

Ich schätze, es dauert ungefähr noch maximal zwei Jahre, dann werde ich nach so einer Auseinandersetzung mit mindestens zwei Stunden Heavy Metal oder Technomusik oder sonst irgendwelchen Folterklängen in voller Lautstärke abgestraft.

Ich blicke Sophie hinterher.

Sie hat recht, mir die Tür vor der Nase zuzuknallen. Mein Argument mit Afrika war völlig daneben.

Natürlich ist es, wenn man darüber nachdenkt, ein völliger Wahnsinn, dass in Afrika wirklich Kinder verhungern, während meine Tochter ein Paar Converse trägt oder ich mir einen neuen Nagellack kaufe, obwohl ich schon zehn im Schrank stehen habe. Natürlich ist unser ganzer westlicher Lebensstil so verschwenderisch und aufgeblasen, dass man sich permanent schämen müsste, und natürlich ist es so, dass fast ganz Afrika nach Europa blickt und von unserem Leben, dem »Leben der Anderen«, träumt.

Und mir wird eines klar. Mit Argumenten kommt man dem Begehren leider überhaupt nicht bei. Das scheint einfach ein uraltes Problem der gesamten Menschheit zu sein.

Du sollst nicht begehren deines Nächsten Hab und Gut. Oder Weib oder Mann oder sonst was. Steht schon in der Bibel. Damit haben die sich schon damals rumgeschlagen.

Für die Kinder von heute in der westlichen Welt müsste dieses Gebot wohl heißen: Du sollst nicht begehren deines Nächsten iPhone, Fernsehkonsum oder Converse. Und acht, neun Jahre ist anscheinend erst der Beginn der »Das-Leben-der-Anderen-Phase«. Von Müttern pubertierender Kinder sind mir hinter vorgehaltener Hand schreckliche Geschichten zugetragen worden.

Wie geht man damit um? Keine Ahnung. Natürlich will ich nicht, dass mein Kind ausgegrenzt wird. Und Kinder in diesem Alter beginnen gnadenlos mit dem Ausgrenzen – da können die falschen Schuhe schon zum Problem werden. Ich will nicht, dass meine Tochter das einzige Kind in der Klasse ist, das nie diese eine bestimmte ganz tolle Serie im Fernsehen schauen darf. Und ich will ihr, wenn ihr Herz an ein paar bestimmten Converse hängt, auch mal eine Freude machen und sie ihr kaufen.

Aber ich will auch nicht, dass Sophie in Konsum und Grenzenlosigkeit verlorengeht.

Haben oder Sein?

Abends liege ich auf dem Sofa, und ich denke nach über das »Leben der Anderen«, während Sophie schon oben im Bett liegt und noch ein paar Seiten liest.

Ich will den Erfolg von Astrid Lindgren. Die Millionen von Bill Gates. Den Körper von Gisele Bündchen. Na ja. Wenigstens ihren Po. Ich will. Ich will. Ich will … In Wahrheit will auch ich unglaublich viel und vergleiche mich ständig mit anderen. Natürlich nur mit denen, denen es – zumindest dem Anschein nach – besser geht als mir.

Upward-Comparison nennen das die Psychologen und halten es für einen völlig normalen menschlichen Zustand. Denn die anderen, die haben immer mehr. Mehr Spaß. Mehr Geld. Mehr Sex. Mehr Schuhe.

Aber es gibt eben auch die anderen, die weniger haben. Weniger Glück. Weniger Frieden. Weniger zu essen. Weniger Gesundheit. Weniger Freiheit.

Sich mit denen zu vergleichen, ist dann Downward-Comparison. Das machen wir Menschen aber nur dann gerne, wenn es uns selbst gerade scheiße geht. Dann hilft es etwas, andere zu finden, denen es ja eigentlich noch viel schlechter geht. Auch das ist laut Psychologen ein sehr menschlicher Zug. Wenn auch nicht gerade ein sehr feiner.

Und irgendwo zwischen all diesen Comparisons und all den anderen Menschen schwimmen wir.

Und das ist sogar gut so. Auch für Kinder.

Denn Upward-Comparison führt dazu, dass Kinder sich anstrengen, mit ihren Freunden und Freundinnen mitzuhalten. Ein Kind, das nie Upward-Comparison macht, versucht vielleicht nie, besser zu werden, und entwickelt vielleicht ein unrealistisches Selbstbild. Ein Kind, das nie Downward-Comparison macht, bekommt ebenfalls kein realistisches Selbstbild. Von daher war mein Afrika-Argument immer noch daneben, ging aber schon in die richtige Richtung.

Ich gehe hoch zu Sophie und gebe ihr einen dicken fetten Gutenachtkuss und nehme sie in den Arm. Und wir reden miteinander. Über das Habenwollen. Über Vergleiche mit den anderen. Denen, denen es bessergeht, und denen, denen es schlechtergeht. Über blöde Mama-Argumente. Über Wünsche, Träume, Vorstellungen. Über das, was man vom Leben überhaupt will und was sich nicht kaufen lässt.

Und dann nimmt Sophie mich in den Arm und drückt mir einen dicken Schmatz auf die Backe und flüstert mir ins Ohr: »Also Mama, ich habe nachgedacht. Ich will doch viel lieber dich als Mama haben. Die Mama von Charlotte will ich gar nicht. So cool ist die gar nicht. Auch wenn ich keinen Computer und kein iPhone kriege.«

Und ich blicke Sophie an und drücke ihr einen ebensolchen dicken fetten Schmatz auf die Wange und flüstere ihr ins Ohr. »Und ich habe auch nachgedacht. Ich habe das beste Kind auf der Welt – und mehr brauche ich eigentlich gar nicht. Und über ein eigenes iPhone – darüber reden wir noch mal, wenn du vierzehn bist. Oder so.«

44.

GOTT IST NICHT TOT - NUR MÄNNLICH

● ○ ● ○ ● ○ ● ○ ●

Wenn man es genau nimmt, können Mütter gar nicht anders als sündigen. Nein, ich habe weder jemanden beleidigt noch etwas gestohlen oder gar einen Mord begangen. Ich habe auch nicht mit dem Nachbarn geschlafen, über Gott gelästert oder meine Eltern blöd angequatscht. Okay, ich muss bisweilen zu Notlügen greifen (»Du bist die beste Schwiegermutter, die ich mir vorstellen kann.« Oder zur pubertierenden Tochter mit 567 Pickeln im Gesicht: »Du bist wirklich attraktiv.« Oder zur Lehrerin: »Sie sind eine wunderbare Pädagogin, die beste, die ich mir für meine Tochter vorstellen kann!« Oder auch: »Liebling, wie schade, dass du für eine ganze Woche verreisen musst!«). Und nein, ich meine mit »sündigen« auch nicht die nächtlichen Griffe zur Schokoladentafel.

Ich spreche von den permanenten Verstößen gegen das Feiertagsgebot der Ruhe. Denn wer soll bitte am Sonntag dem Baby die Flasche geben, kochen, Geschirr spülen oder Windeln wechseln? Ehre den Sonntag, Sabbat oder Freitag – also, dieses Gebot kann eigentlich nur ein männlicher Gott erfunden haben.

Ich stelle mir das so vor: Dieser Gott – noch ohne langen Bart, so Mitte dreißig – saß an einem Sonntag vor biblischer Zeit an seinem Arbeitszimmertisch, tunkte die Feder in die Tinte, schrieb eine erste Zehn-Gebote-Fassung, zerknüllte das Papier, begann noch einmal von vorne und schrieb eine zweite Fassung, während seine Gattin die Kinder fütterte, wickelte, bespaßte und zudem noch einen Sonntagsbraten für den Herrn Gemahl Gott in den Ofen schob. »Essen ist fertig!«, rief sie ihm schließlich zu – just, als das noch fehlende zehnte Gebot vor Gottes geistigem Auge Konturen anzunehmen begonnen hatte. Die Kinder stürmten ins Arbeitszimmer und schrien: »Papa, komm! Wir möchten heute noch zum Wasserspielplatz auf der Wolke Sirus2099!«, »Papa, Mama ist sooo gemein!«, »Papa, spiel wieder Menschenerschaffen mit uns, das ist so lustig!« Die Kinder hüpften auf Gottes Schoß, zogen ihn zum Esstisch, und Gott vergaß darüber das Gebot, das eben noch zum Greifen nahe vor seinem geistigen Auge gestanden hatte.

Nach einem Familiennachmittag, der mehr von Gott abverlangte als die sechs harten Arbeitstage, an denen er die Welt erschaffen hatte, schliefen die Kinder dann endlich. Gott setzte sich spätabends noch einmal an seinen Schreibtisch und notierte: »Du sollst den Feiertag heiligen!« Der Mann wollte einfach seine Ruhe vor Familientagen haben!

Eine andere Variante zur Entstehung dieser Vorschrift, sogar eine noch wahrscheinlichere, ist folgende: Gott betrachtete – wie die meisten Männer heute noch – Erziehung und Hausarbeit schlichtweg nicht als Arbeit. Auch seine göttlichen Ratgeber waren durchweg männlichen Geschlechts und dachten nicht an diesen »kleinen Unterschied« im Arbeitsalltag. Wie sonst ließe sich erklären, dass es in fast allen monotheistischen Religionen das Feiertagsgebot gibt, während eine solche Regelung aber dort meist fehlt, wo Männlein und Weiblein gemeinsam mit unzähligen, sogar reihenweise unehelichen Kindern einen Götterhimmel bewohnten? Wie beispielsweise bei den alten Griechen. Hera hat ihrem Gatten und Götterchef Zeus wirklich viel durchgehen lassen müssen (Morde, Affären etc.), aber gegen ein Feiertags-Ruhegebot hätte sie sicherlich nachhaltig protestiert (»Spinnst du? So ein Quatsch! Da nimmt uns doch kein Mensch mehr ernst!«). Mit den zahlreichen anderen Göttinnen hätte Hera schnell eine virtuell-himmlische Protestgruppe gründen können, und es hätte »Facebook-gefällt-mir-Klicks« nur so vom Himmel geregnet.

Eine dritte Theorie wäre, dass der liebe Gott ein – sagen wir es einmal nett – fleißiger Kneipenbesucher mit einem klitzekleinen Alkoholproblem war. In der katholischen Variante würde man sagen: ein Säufer. Sechs Tage die Woche diskutierte er abends im Wirtshaus über sich und die Welt, am siebten Tage saß er abends mit Frau und Kindern auf dem Trockenen, weil die Kneipe Ruhetag hatte. Weil Gott damals noch nicht auf den Dreh gekommen war, Wasser in Wein zu verwandeln, und ihm und seiner Gesundheit der Familientag gut bekam, führte er dieses Gebot analog dem Wirtshausschild ein: »Heute Ruhetag«.

Die drei Theorien werden zwar heiß diskutiert und mit jeweils in die entsprechende Hypothese passenden geschichtlichen Fakten immer wieder neu untermauert – aber ein eindeutiger Beweis steht bis heute aus. Bis dieser dann vielleicht eines Tages von unseren Kindern erbracht wird, erbitten wir eine Flatrate für Sündenvergebung und kochen und wechseln Windeln und füllen Spülmaschinen auch am Feiertag.

45.

LIEBER HERR KULTUSMINISTER

●○●○●○●○●

Sehr geehrter Herr Kultusminister,
herzlichen Glückwunsch zu Ihrer Bildungsoffensive
»Eltern 2.0«!
Als berufstätige Mutter freue ich mich darüber besonders.
Was gibt es Schöneres, als abends, wenn ich aus dem Büro
komme, mit meinen beiden Kindern Latein, Französisch,
Englisch oder gar Mathe und Physik lernen zu dürfen? Bitte
verstehen Sie mich nicht falsch – ich bin froh, endlich nicht
mehr Lesen, Schreiben und einfache Addition der Grundschule üben zu müssen. Auch das Ausmalen von Bildchen für
den Sachunterricht oder Religion liegt endlich hinter mir. Der
Gymnasialstoff ist nun wirklich spannender und macht mich
klüger.
Da ich aber neben Ihrer Bildungsoffensive auch noch Arbeit
und einen Haushalt zu erledigen habe (befragen Sie dazu bitte
einmal Ihre Frau oder wahlweise Ihre Haushälterin und bit-
ten Sie um eine realistische Stundeneinschätzung, denn als
verheirateter Mann fehlt Ihnen dafür ganz sicher die mathematische Kompetenz), gestaltet sich das Lernen in jeder neu-
en Jahrgangsstufe schwieriger. An den Wochenenden versu-

che ich zu ergründen, wie man Ungleichungen mit zwei Variablen richtig löst. Ich lerne englische Idiome und korrekte französische Aussprache bei Diktaten. Das lateinische Gerundium hat mich eine Woche Urlaub gekostet, und die physikalische Energieberechnung reduziert meinen nächtlichen Schlaf derzeit auf sechs Stunden.

Mein Mann unterstützt Ihre Bildungsoffensive auch nach Kräften. Da er aber häufig auf Geschäftsreisen ist, konnte er sich nur in Nebenfächer einarbeiten, deren Stoff sich schnell aufs Neue erschließen lässt und nicht kontinuierlich aufeinander aufbaut. Geschichte, Ethik, Geographie und Musik sind entsprechend seine Themen. Bisweilen gab es auch schon Referate in Kunst und Sport, die mit Hilfe von Wikipedia jedoch rasch erstellt werden konnten.

Manchmal haben ältere Bekannte schon gefragt, warum wir denn unsere Kinder daheim unterrichten. Aber das tun wir gar nicht! Im Gegenteil – habe ich doch extra ein Ganztagsgymnasium für meinen Sohn und meine Tochter gewählt. Die Hausaufgaben – so wurde mir beim Vorgespräch dort versichert – würden alle in der Schule erledigt. »Nur« lernen müssten die Kinder dann noch daheim. Ich habe bewusst kein elitäreres Gymnasium ausgesucht, bei dem am Tag der offenen Tür schon deutlich gemacht wurde, dass ohne »professionelle Hilfe« (also Nachhilfe oder mindestens ein Akademiker-Elternteil, das halbtags pro Kind bereitsteht) an dieser Schule nur schwer ein Fortkommen möglich sei.

Der Schule unserer Kinder sind auch keine Vorwürfe zu machen. Es gibt dort wie überall bessere und schlechtere Lehrer, einen ganz passablen Direktor und gesundes Mittagessen. Die schriftlichen Hausaufgaben werden in Studienzeiten begleitet und sind auch meist erledigt. Aber an diesem Gymnasium wurde, wie bei allen anderen auch im Land, wie übrigens auch bei allen Mittelschulen im Land, wie überhaupt in allen Bundesländern mittlerweile – aber das wissen Sie selbst ja am besten –, Ihre Bildungsoffensive für Eltern eingeführt. Übrigens haben Sie mit »Bildungsoffensive Eltern 2.0« eine schöne Formulierung gefunden, böse Zungen behaupten nämlich, die Eltern würden mittlerweile einfach zwangsweise mit eingeschult und pädagogische Lehre ins Elternhaus ausgelagert. Solche Leute behaupten, es würde *selbstverständlich* erwartet, dass die Erwachsenen den Nachwuchs lernend begleiten und so dem Staat viele Kosten sparen.

Leider muss ich das an schlechten Tagen bestätigen, neulich sah mich ein Mathelehrer regelrecht entsetzt an, als ich mich nicht mehr daran erinnern konnte, was mein Sohn in der letzten Mathestunde bei ihm für ein Thema bearbeitet hatte. »Haben Sie denn Ihre Hausaufgaben nicht gemacht?«, fragte mich der Beamte. »Etwas Engagement« sei im heutigen G8 einfach von den Eltern gefordert, hörte ich missbilligend.

Wenn ich hier den »Subtext« betrachte (den Begriff hat mein Sohn neulich in Deutsch – oder war es Englisch? – gelernt, das heißt so viel wie: »Was er eigentlich damit sagen will«), so hieß das ganz klar: »Warum haben Sie eigentlich Kinder in die Welt gesetzt, Sie Rabenmutter, wenn Sie nicht einmal wissen, was Ihr Sohn gerade in Mathe durchnimmt?«

Bei der Geschichtslehrerin konnte ich einen derart schlechten Eindruck gerade noch verhindern – ich berichtete zwar wahrheitsgemäß, dass ich keinen Überblick über den Jahrgangsstoff hätte, woraufhin die Pädagogin den Kopf schüttelte nach dem Motto »So erklärt sich also die 4,5 der Tochter«. Ich verwies dann aber sofort darauf, dass ihr Fach in den Zuständigkeitsbereich meines Mannes falle.

Meinen Eltern wiederum musste ich neulich schwören, dass es keine faule Ausrede sei, wenn ich ihnen wiederholt absagen muss, weil bei unseren Kindern mal wieder Tests anstehen. Unter Tränen fragte meine Mutter, warum ich Großelternbesuche für meinen völlig übertriebenen Ehrgeiz – die schulische Laufbahn der Kinder betreffend – vernachlässige. »Haben wir mit dir jemals gelernt oder so ein Theater gemacht?«, fragte sie. Das normale Kümmern meiner Eltern um meine schulische Zukunft beschränkte sich auf die Frage: »Hast du deine Hausaufgaben gemacht?« Wenn ich wahrheitsgemäß mit ja antwortete, durfte ich danach zum Spielen raus. Wenn ich mindestens ebenso oft gewohnheitsmäßig log, durfte ich auch zum Spielen raus. Aber irgendwie kam ich auch zum Abitur, natürlich nicht mit einer Eins, aber immerhin konnte ich mit meiner Note mein Traumfach studieren.

Glauben Sie mir, Herr Kultusminister, es dauerte einige Zeit, bis ich meine Eltern von der Notwendigkeit Ihrer Bildungsoffensive überzeugen konnte.

Aber vielleicht haben Sie dabei weitsichtig ohnehin etwas ganz anderes im Blick, was sich unsereinem erst auf den zweiten Blick erschließt? Ich denke an die unendlich vielen Jobs, die Sie damit geschaffen haben. Eine Nachbarin, die sonst vielleicht Hartz IV beziehen müsste, verdient wirklich prima, seitdem sie in Latein und Englisch Nachhilfe gibt. Einer Erweiterung ihres Repertoires auf Französisch verdankt sie ihren neuen Zweitwagen. Nicht, dass Sie mir Sozialneid unterstellen, nein, die Frau arbeitet wirklich viel. Oft beginnt sie morgens um vier Uhr zu unterrichten, und nachmittags ziehen wahre Kinderströme zu ihr in die Wohnung. Dabei könnte sie auf einem anderen Gebiet wirklich einen großen Reibach machen, wie sie neulich auch erwähnte. »Ich frag mich schon manchmal, warum ich für so wenig Stundenlohn einen so hochqualifizierten Job mache. Was glaubst du, wenn ich die Grundschüler nehmen würde, ab der dritten Klasse, was ich da verdienen könnte? Für den Übertritt aufs Gymnasium zahlen Eltern alles! Aber ich bin da nicht so ...« Also vielleicht verstehen wir Eltern nur einfach nicht, welchen großen Wert Ihre Offensive im gesamtgesellschaftlichen Zusammenhang hat. Das darf ich auch nicht kleinlich mit meinen alleinerziehenden Freundinnen aufrechnen, obwohl es doch da ein Schicksal gibt, das ich Ihnen gerne schildern möchte.

Meine Freundin Anne hat zwei Kinder, acht und zehn Jahre. Ihr Partner ist nach der Geburt des zweiten Kindes auf eine längere Urlaubsreise nach Indien verschwunden und wurde seither nicht mehr gesehen. Interpol sah den Fall als zu irrelevant an, um ihm wirklich nachzuspüren. Und Anne wollte keine zusätzlichen Ansprüche an den Staat stellen – also suchte sie sich eine Vollzeitstelle als Verkäuferin, um sich und die Kinder einigermaßen ernähren zu können.

»Ich bin doch nicht blöd!«, antwortete sie auf meine Frage, ob die Große denn nun aufs Gymnasium gehen solle.

»Warum?«, fragte ich entsetzt, da die Große den heiß ersehnten Schnitt für den Übertritt locker geschafft hatte.

»Da geht sie dann auf's Gymnasium, und ich kann ihr nicht helfen, ich hab selbst nur einen Hauptschulabschluss. Und Nachhilfelehrer kann ich mir nicht leisten. Das hält meine Maus dann höchstens bis zur achten Klasse durch, dann fliegt sie von der Schule und verliert ihre Freundinnen, das wär doch schrecklich. Da soll sie lieber auf die Haupt- oder Realschule oder Mittelschule oder wie das jetzt heißt gehen, nein, diesen Zirkus mache ich nicht mit.«

Glauben Sie mir bitte, Herr Kultusminister, Anne ist eine der klügsten Frauen in meinem Umfeld und ihre Entscheidung äußerst weise. Denn das, was sie ahnte, trifft auf alle Mitschüler meiner Kinder, die in ähnlichen Haushalten aufwachsen, zu hundert Prozent zu. Mein Mann regt sich darüber übrigens ganz furchtbar auf und – verzeihen Sie bitte – schimpft in diesem Zusammenhang ganz allgemein über die »Politik«, die keinerlei Chancengleichheit für Ärmere in der Bildung mehr zulasse. Ich bin ja politisch nicht so bewandert, als dass ich das genauer beurteilen könnte, aber mir kommt es so vor, als ob da schon ein Funke Wahrheit drinsteckt. Aus der Grundschule meiner Kinder ist jedenfalls nur ein einziges Kind aus dem Sozialblock vom gegenüberliegenden Ende des Viertels auf das Gymnasium gekommen. Und dieser Junge flog nach der siebten Klasse von der Schule, weil er zum zweiten Mal wiederholen hätte müssen.

Den üblichen Vorwurf, in unserem Bundesland würde dabei besonders rigide verfahren, möchte ich Ihnen wirklich nicht machen. Halte ich ihn doch im Gesamtzusammenhang für eine bloße Marginalie. Berliner und Hamburger Freunde haben mir von ganz ähnlichen Bildungsoffensiven für Erwachsene berichtet. Gut, der Übertrittsstress fällt vielleicht geringer aus, wenn dabei Eltern und nicht Lehrer das letzte Wort haben. Aber das sind eigentlich nur Kleinigkeiten bzw. Entscheidungen, über die Sie als Politiker schon so hitzig debattieren, dass ich mich gar nicht einmischen möchte. Ich betrachte das eher von der pragmatischen Seite. Wenn ich in ein paar Jahren die Facharbeit für meinen Sohn schreibe (eine Lehrerin versicherte mir, es sei ein offenes Geheimnis, dass alle Mütter dies mittlerweile insbesondere für die Söhne erledigen), dann werde ich mir völlig neue Wissensgebiete erobern können. Wer weiß, vielleicht lasse ich meinen Sohn ein

Thema zu einem großen Philosophen wählen oder zu den verschiedenen Unendlichkeiten in der Mathematik. Ach, ich freue mich jetzt schon auf diese neue Herausforderung in meinem Mutteralltag, der mir persönlich kaum mehr eine Minute Zeit für mich selbst lässt, weil er eben so angefüllt ist mit Job, Hausarbeit und eben Ihrer Bildungsoffensive.

Nur eine Freundin konnte ich bisher ganz und gar nicht von den ganzen Vorteilen Ihrer Bildungsoffensive überzeugen – sie ist Französin, und dortzulande ist man, wie soll ich sagen, ja, regelrecht rückständig. Stellen Sie sich vor, in Paris und Marseille und Nizza dürfen Eltern gar nicht das Schulgebäude der Kinder und Jugendlichen betreten, außer in Notfällen natürlich. Es ist verpönt, wenn Eltern sich in das Schulleben einmischen und zum Beispiel Hausaufgaben mit den Kindern machen!

Kürzlich besuchte uns meine französische Freundin, weil sie in unserer Stadt geschäftlich zu tun hatte. Eine ganze Woche blieb sie, und ich fragte, wer denn mit ihren drei Kindern lerne. Sie verstand meine Frage nicht, ich erklärte und erklärte und erklärte – aber ihr wollte einfach nicht in den Kopf, was denn das Elternhaus mit dem staatlichen Bildungsauftrag zu tun habe. Sie argumentierte, dass für die schulische Bildung einerseits und die Charakterbildung junger Menschen andererseits schon immer zwei verschiedene Teile der Gesellschaft zuständig gewesen seien. Lehrer zum einen, Eltern zum anderen. Dass sich wohl schon die alten Griechen Privatlehrer geholt hätten, um unsinnigen Machtkämpfen aus dem Weg zu gehen, Machtkämpfen, die nur aus der unglückseligen Konstellation entstünden, wenn Eltern plötzlich Pädagogen »spielen« müssten. Das sei ja *unerträglich belastend* für die Familie, meinte sie. Wenn sie sich beispielsweise vorstelle, dass ihr

Mann ihrer Tochter das Autofahren beibringen würde und nicht ein Fahrlehrer – da gäbe es womöglich Mord und Totschlag, auf jeden Fall aber ein paar Nervenzusammenbrüche. Fast in Rage und kaum mehr in ihrem Wortschwall zu bremsen, erzählte mir diese Freundin auch von einem Erlebnis mit einer deutschen Austauschschule eines ihrer Kinder. Ihr Sohn verbrachte zwei Wochen in Berlin, nach einer Woche rief der Direktor der Schule sie an und fragte, ob man ihr eigentlich schon gesagt habe, dass ihr Sohn im Unterricht größte Verhaltensauffälligkeiten zeigen würde. Wenn dies so weiterginge, müsse man ihren Sohn sofort zurück zu ihr nach Paris schicken, auch die Gastfamilie schäme sich mittlerweile schon für ihn. »Wie bitte?«, entgegnete meine französische Freundin völlig entsetzt. »Wenn der Junge im Unterricht auffällig ist, dann ist das doch das Problem des verantwortlichen Pädagogen! Mein Sohn ist ganz normal, und selbst wenn er es nicht wäre, hat die Schule die Aufgabe, ihn zu integrieren. Kann es sein, dass Ihr Unterricht einfach grottenschlecht ist?« Der Direktor der Schule war laut meiner Freundin von ihrer Aussage so verdutzt, dass ihm zunächst keine Antwort mehr einfiel und er hörbar nach Luft schnappte.

Lieber Herr Kultusminister, Sie müssen verstehen, die Franzosen haben von Grund auf ein anderes Verhältnis zum Staat und zudem auch eine nicht ganz folgenlose Revolution angezettelt. Sie sind also in einem gewissen Sinne nicht bloß rückständig, sondern auch sozusagen von Grund auf rebellisch und verstehen sich vielleicht als Teil des ganzen Staatsgebildes, anstatt Ihnen oder anderen Autoritäten einfach zu glauben. Sie als Kultusminister werden schon Ihre Gründe für die Bildungsoffensive haben, die wir kleinen Leute vielleicht einfach nicht verstehen können. Dafür dürfen die Französinnen auch nicht so schöne Aufgaben erfüllen wie für Eltern-Lehrer-Schüler-Treffen Kuchen backen oder Biertische für Sommerfeste aufbauen. Die wissen ja gar nicht, was ihnen da entgeht! Kein Wunder – das muss ich jetzt an dieser Stelle einfach loswerden –, dass sie so viel mehr Zeit für Körperpflege und Shopping und gutes Essen haben und deshalb meist so viel attraktiver und ausgeglichener wirken als deutsche Mütter. Da könnte ich fast neidisch werden, wenn ich nicht an das Große und Ganze denke.

Vielleicht sollte ich meine Kinder in Französisch besonders fördern, damit sie hoffentlich in diesem Bereich einmal ihre Facharbeit schreiben. Dann hätte ich die Zeit, diesem Phänomen einmal genauer nachzugehen. Aber bis dahin ist noch ein weiter Weg, der mit Hyperbeln, Vokativen und dem Setzen der richtigen Accents gepflastert ist. Doch wie heißt es so schön im Deutschen: »Ohne Fleiß kein Preis.« Ich frage mich gerade, ob die Franzosen auch so ein Sprichwort haben – aber jetzt beißt sich die Katze in den Schwanz, für das Ergründen dieser Frage fehlt mir gerade die Zeit, nächste Woche haben beide Kinder eine Schulaufgabe.

Es grüßt Sie ganz herzlich

Ihre deutsche Mutter

PS: Eben habe ich meinem Mann diesen Brief gezeigt, und er ermahnte mich, meine Behauptungen doch auch zu belegen und nicht so unbewiesen stehen zu lassen. Dazu suchte er mir eine Studie heraus, deren Extrakt ich hier anfüge:
Laut einer Studie der Bildungsforscher Klaus und Annemarie Klemm für die Bertelsmann Stiftung geben Eltern jährlich bis

zu 1,5 Milliarden Euro für Nachhilfestunden aus. Mindestens jeder vierte Schüler wird privat bezahlt unterrichtet. Nachhilfe sei demnach längst nicht mehr eine zeitlich begrenzte Ausnahmeerscheinung für leistungsschwächere Schüler. »Sie hat sich vielmehr zu einem etablierten, privat finanzierten Unterstützungssystem neben dem öffentlichen Schulsystem entwickelt«, heißt es in der Untersuchung. Da sich aber vor allem Kinder aus wohlhabenden und höher gebildeten Familien diese Möglichkeit der außerschulischen Förderung leisten könnten, nehme dadurch die Chancenungerechtigkeit unseres Bildungssystems tendenziell zu. In anderen Ländern wie Finnland, Kanada und den Niederlanden beispielsweise gebe es dagegen kaum Nachfrage nach privaten Zusatzangeboten, heißt es weiter.

46.

MAMA, HAU REIN!

● ○ ● ○ ● ○ ● ○ ●

Falls Sie, liebe Mutter, sich gerade in der höchst vergnüglichen Zeit der Pubertät Ihrer Kinder befinden, verstehen Sie ganz viel auf der Welt einfach nicht. Ihr Mann ist zu einem »Zombie« mutiert, Sie selbst sollten »wenigstens einmal nicht so spießig sein«, und »Mathe ist ein Arschloch, das man nie wieder im Leben braucht«. Mit einer Liste der »Unverständnisse« könnten wir das ganze Buch füllen. Es genügt auch, wenn Sie sich an die eigene Pubertät erinnern. Fand man die Eltern nicht extrem peinlich, war man nicht der einsamste Mensch auf der Welt und alle anderen waren wesentlich attraktiver?

Gleichzeitig verstehen nur Eltern mit pubertierenden Kindern Sätze wie:

»Disst du mich oder ist das ein voll böser Cheat?«

»Hast du das gejavert, Alda?«

»Mama, hau rein!«

Vielleicht glauben Sie – wie die nette Mitmutter Elvira –, wir würden im prolligsten Drogenhaushalt leben und hätten unseren Kindern quasi mit der Muttermilch schlimmste Worte eingeflößt. Das Gegenteil ist der Fall, wir haben stets auf sprachliche Förderung Wert gelegt. Von klein auf haben wir vor dem Einschlafen zusammen Bilderbücher angeschaut, später lasen mein Mann und ich abwechselnd kleine Geschichten vor, danach ließen wir uns mit eindeutig pädagogischen Hintergedanken von den Kindern vorlesen, und mittlerweile liegen Jugendromane auf den Nachttischen von Eva und Lukas. Die Bücher liegen und liegen – und verstauben. Eva schaut lieber vor dem Einschlafen noch schnell zu Facebook, Lukas guckt YouTube-Videos.

Was haben wir debattiert. Endlos. Mit den Kindern, untereinander, mit anderen Familien, mit Lehrern, auf einem Seminar, mit völlig Fremden. Es führte immer zu einem großen Bedauern darüber, dass die Kinder heutzutage einfach zu wenig lesen, nicht nur unsere, sondern alle, und ganz besonders die Jungs. Wir haben uns schon als Bildungsspießer geoutet und Druck ausgeübt: »Keine Minute Internet mehr, wenn ihr nichts lest!« Es hat nicht geholfen. Wir haben schon an die Kinder appelliert: Lest doch, dann werdet ihr viel besser in Deutsch. Keine Chance. Die Jugendbücher liegen auf den Nachtkästchen und verstauben.

Irgendwann konnte ich die Debatten und das Bedauern auch nicht mehr hören. Vor allem, nachdem die liebe Mitmutter Elvira freudestrahlend erzählte, ihr 14-jähriger Sohn habe nun alle Bände der beliebten Mädchenreihe *Die Bienenzüchterin* gelesen, nun habe sie ihm Goethes *Wahlverwandtschaften* besorgt, denn, nun ja, der *Werther* sei wohl doch zu gefährlich in seinem Alter. Leopold geht in die Parallelklasse von Lukas, und den Aussagen meines Sohnes nach wird Leopold dort »ziemlich gemobbt«. Kein Wunder, denke ich im Stillen, bei so einer Mutter. Und wie es der Zufall will, treffe ich Elvira samt wohlerzogenem Leopold am nächsten Tag beim Einkaufen (Lukas würde einen Teufel tun, sich gerade mit mir auf der Straße blicken zu lassen!).

Man fragt, wie es so geht, Leopold berichtet anständig und höflich von den letzten Schulaufgaben, in denen er einen Zweier und Dreier schrieb (zum Vergleich: Lukas einen Vierer und Fünfer), von einem schönen Museumsbesuch (zum Vergleich: Lukas findet Museen »voll krass daneben«) und der Lektüre der *Wahlverwandtschaften,* die er gleich für ein Deutschreferat nutzte, für das er dann eine Eins bekam (den Vergleich mit Lukas kann ich mir an dieser Stelle sparen). Aber nicht, so Elvira, dass ich jetzt neidisch würde, sie hätte Leopold beim Referat natürlich auch etwas geholfen.

Hm, neidisch ... Bin ich es vielleicht im tiefsten Inneren? Nachdenklich gehe ich heim und werde mit einem »Lukas hat mich die ganze Zeit gemobbt«-Geschrei begrüßt. Wie? Ein Einzelner kann doch nicht seine Schwester mobben?! Doch, doch, wird mir erklärt, ausführliche Schilderungen der schrecklichen Mobberei folgen (schubste sie weg, nahm ihr Getränk, versteckte ihr Federmäppchen), und ich verstehe allmählich, dass die Kinder den Begriff ganz anders verwenden als wir. Schließlich sagen sie ja auch »linken« oder »javern« für stehlen, »dissen« heißt wiederum hereinlegen, »chillen« entspannen/beruhigen, »geh kacken« hau ab, und etwas Grandioses ist »episch«. Wie langweilig gewählt hat sich dagegen Leopold ausgedrückt! Ohne einen Funken der phantasievollen Jugendsprache. Das kommt davon, wenn man nur Bücher liest, ha! Ich grinse, und die Kinder fragen mich, warum ich plötzlich so gechillt bin. Ich erzähle, dass ich Leopold getroffen habe. »Ja, und?«, fragt Lukas. »Mir ist da was aufgefallen«, sage ich. »Ja, und was?«, fragt Eva. »Komm schon, Mama, hau rein!«, fordert mich Lukas auf.

Sie wissen immer noch nicht, was »hau rein« bedeutet? Fragen Sie einfach den nächsten Pubertierenden Ihres Vertrauens und vergessen Sie alle Risiken und Nebenwirkungen des bunten Erziehungsalltags, der mehr Leben als Bildung zulässt.

47.

NOTLÜGEN

●○●○●○●○●

Während sich die »Experten« noch streiten, wie oft der Mensch am Tag im Allgemeinen lügt (die Zahlen der »Wissenschaftler« schwanken tatsächlich zwischen 1,8- und 200-mal), vermeldet ein Magazin, dass Mütter im Schnitt viel öfter lügen als kinderlose Frauen.

Ausnahmsweise wundere ich mich einmal nicht über die Statistik. Ganz logisch, dass wir Mütter mehr lügen, wir haben nicht nur wesentlich mehr Anlässe, sondern müssen einfach pragmatischer sein.

Soll ich vielleicht dem Kotzbrocken von Grundschullehrerin sagen: »Ihr Unterricht ist eine Katastrophe, Sie gehörten einfach mal richtig durchgevögelt, dann wären Sie entspannter!« Die »gute« Frau würde meiner Tochter das Schulleben daraufhin zur Hölle machen oder mich wegen Beleidigung anzeigen.

Oder soll ich den Freund meines Sohnes verpfeifen, der jeden Mittwochabend vorgibt, zum Boxen zu gehen, stattdessen aber bei uns mit Lukas spielt – sein Vater prügelt die ganze Familie, aber seitdem der Freund angeblich boxen geht, wagt es der Vater nicht mehr, Hand an seinen Sohn zu legen.

Soll ich dem Selbstbewusstsein meiner Tochter nachhaltig schaden, wenn ich ihr offen und ehrlich meine Meinung zu ihrer Kleiderwahl kundtue?

Noch vor einigen Jahren galt es als tugendhaft und schicklich, so charmant wie möglich zu lügen – zumindest in katholisch geprägten Gebieten, und der Begriff der »Notlüge« wurde dafür vermutlich eigens erfunden.

Statt einem Verehrer (huch, wie lange ist es her, dass ich einen hatte?) zu sagen: »Verpiss dich, nie und nimmer möchte ich mit einem A. wie dir zusammen sein!«, entgegnete ich auf seine Einladung: »Tut mir leid, heute habe ich keine Zeit!«

Statt meinem Mann zu sagen, er sei ein elendiges Faultier im Haushalt und schiebe gerne die Verantwortung in der Kindererziehung von sich, säusle ich: »Du bist wirklich ein toller Mann, kann mir keinen besseren vorstellen. Und wenn du heute noch die Kinder ins Bett bringst, dann gebührt dir ein Bundesverdienstkreuz unserer Ehe.«

Statt meinem Sohn zu sagen, dass Mädchen vermutlich gerade wenig Interesse an seinem schlaksigen Körper mit gefühlten 538 Pickeln hätten, beteuere ich, dass er ganz prima aussehe.

Ich lüge sozusagen ständig wie gedruckt – und das auch noch ohne schlechtes Gewissen! Ist mein Über-Ich irgendwo im Laufe meiner Entwicklung verloren gegangen, und habe ich als lotterhaftes Wesen keinerlei moralische Maßstäbe mehr? Wie soll so eine Person (also ich) Kinder zu anständigen Menschen erziehen, die allgemeingültige Werte schätzen?

Wenn kinderlose Frauen lügen – die beliebteste Lüge ist übrigens: »Es kostete nur ... war im Sonderangebot«, also eine Preisuntertreibung –, so ist das zwar auch verwerflich, aber wenn Mütter das machen, dann sind sie ein fürchterliches

Vorbild. Unsere Republik, ja die ganze globalisierte Welt wird daran eines Tages noch zugrunde gehen, nur weil ich mir Lügen ganz pragmatisch schönrede, die daraus resultierende Stunde Badewannenzeit nur für mich eingeschlossen. Verdammt!

Mein Lügenbaron-Verhalten hat mir neulich so ein schlechtes Gewissen gemacht, dass ich zu einem Psychologen ging. Nein, mir ging es nicht um mich, sondern um die Kinder, die sich davon eventuell eine bedeutende Scheibe schädliches Sozialverhalten abschneiden könnten. Was, wenn sie nach meinem Vorbild ihren Mitmenschen stets nur schnell etwas vorflunkern und damit wirkliche Konflikte scheuen? So klar ich oft etwas für mich alleine entscheiden kann, so schnell komme ich, wenn es die Kinder trifft, ins Schleudern.

»Wunderbar!«, lobte mich der Psychologe. »Unter dem Deckmäntelchen der Wahrheit tun wir uns gegenseitig die schlimmsten Dinge an!« Sozialkompetente Menschen müssten über ein regelrechtes Lügenrepertoire verfügen, insbesondere Mütter. Schließlich haben sie eine erste Vorbildfunktion für die Kleinen. Nicht die Wahrheit sei entscheidend, sondern unsere Idee davon, wenn er das noch anfügen dürfe. Nicht die Taste mache die Musik, sondern die Melodie, also der Ton. In seinen Kursen »Starke Eltern – starke Kinder« vermittle er genau das: Die Sprache entscheide über das Bewusstsein und nicht über ein Sein an sich. Wenn ich das jetzt nicht mehr nachvollziehen könne, mache das nichts, es ginge vielen seiner Patienten so, es fehle der Mut zur Wahrheit der Lüge. Dazu lachte der Psychologe seltsam dämonisch, und ich war irgendwie erleichtert, die Praxis bald wieder verlassen zu können.

»Der Mut zur Wahrheit der Lüge«. Aha. Was heißt das? Egal. Als Pragmatikerin halte ich mich einfach daran fest, dass er gesagt hat, ich sei meinen Kindern ein gutes Vorbild. Also lüge ich weiter wie gewohnt bzw. wie gedruckt.

Und, was glauben Sie, liebe Leserin, ist diese Geschichte vom Psychologen nun wahr oder geflunkert?

48.

HITZEFREI

● ○ ● ○ ● ○ ● ○ ●

S ie überlegen gerade, auf welche weiterführende Schule Sie
Ihr Kind schicken sollen? Sie gehen zu Tagen der offenen
Tür, erkundigen sich nach dem Ruf der Lehrkräfte und
Durchfallquoten? Sie messen die Wegstrecke in Minuten ab
oder studieren Busfahrpläne? Sie machen sich Gedanken über
Sprachenfolge oder die Ausrichtung (wirtschaftlich, sprach-
lich, mathematisch)? Die anstehende Entscheidung hat Sie
schon ein paar schlaflose Nächte gekostet?

Um Sie noch weiter zu verunsichern, fügen wir ein weiteres
und wesentliches, bisher völlig übersehenes Kriterium der
Schulwahl hinzu: die Bausubstanz des Schulgebäudes. Sollte
es sich dabei nämlich um ein Haus mit großen Südfenstern
oder einem Flachdach handeln, haben Sie zu den üblichen
Improvisationsproblemen als Mutter noch eins dazu, es heißt
»hitzefrei« und äußert sich in Anrufen um 10.30 Uhr im
Büro: »Mama, wir haben hitzefrei, juhuuuu!« Wenn Ihr
Chef nicht gerade weiblich und Mutter von sieben Kindern
ist, werden Sie ihm schwerlich vermitteln können, dass Sie
auch gerne hitzefrei hätten. Leider sind diese Tage nicht im
Vorhinein durch einen ausgeklügelten Urlaubsplan aufzufan-

gen (es soll schon ganz verregnete Sommermonate gegeben haben oder kältefrei im Dezember). Aber Kinder, die allein zu Hause nicht unendlich glotzen oder gamen, wurden bisher noch nicht erfunden. Auch die Methode einer Bekannten, Sarah, ist nur bedingt empfehlenswert. Sarah stand gerade ein wichtiges Meeting mit einem noch wichtigeren Karriereschritt bevor, als die Kinder sie anriefen: »Juhuu, Mama, wir haben hitzefrei!« Mit allerlei Tricks verschob Sarah das Meeting auf den nächsten Tag. Doch da zeigte das Thermometer schon vor Schulbeginn eine noch höhere Temperatur als tags zuvor. Sarah brachte die Kinder wie gewohnt zur Schule – und rief gleich danach von einer Telefonzelle aus die Feuerwehr an, das Schulgebäude sei dermaßen überhitzt, dass man es abkühlen müsse. Tatsächlich rückten die Einsatzkräfte daraufhin an. Aber die Kinder wurden prompt wegen des Feueralarms noch früher heimgeschickt.

Noch heute zittert Sarah, dass man ihr eines Tages auf die Spur des anonymen Anrufs kommt. Die Kosten für den Einsatz hätte sie dann wohl ein Leben lang abzuzahlen.

Vielleicht bräuchten wir Mütter einfach bisweilen hitzefrei für unseren Verstand, um nicht im alltäglichen Irrsinn auszubrennen und zu solchen Kurzschlüssen zu neigen.

49.

KLEINE TYPOLOGIE
DER MITMÜTTER

●○●○●○●○

Der Jammerlappen: Hat einen grauenhaften Chef, einen völlig nichtsnutzigen Mann, die Erzieherinnen in der Kita sind eine einzige Katastrophe. Die Kinder wären sicher hochbegabt, wenn die Gene der Schwiegermutter sich nicht durchgesetzt hätten. Ohne Kids hätte sie sich umgebracht, aber so trägt sie eben die Last.

Die Kontrolleurin: Richtet den Abiturienten noch die Schultasche her, ortet die Kinder via Handy heimlich, weiß jede mündliche Note des laufenden Schuljahres auswendig und macht sich unentbehrlich, um in den Elternbeirat gewählt zu werden.

Die Lebenskünstlerin: Lässt den Kindern alle »Freiheiten«, um Stress zu vermeiden und um ihre Ruhe zu haben. Glotze, Computer und Süßigkeiten gehören »aus Prinzip« nicht eingeschränkt. Sie versteht es talentvoll, die Kinder jedes Wochenende woanders unterzubringen.

Die verschmähte Braut: Sieht im Sohn einen wunderbaren Kerl heranreifen, dem sie all das beibringen will, was keiner ihrer bisherigen Männer je machte. Da der Junge es jedoch so schwer mit seinem Papa hat, verwöhnt sie ihn ausschweifend. Macht sich große Sorgen um eine vielleicht zu symbiotische Beziehung zum Kind und holt sich von allen möglichen Freundinnen die Absolution, dass dem nicht so sei.

Die Nonne: Seit Kind zählt sonst nichts mehr auf der Welt, auch nicht der eigene Mann. Setzt alles daran, eine gute Mutter zu sein, opfert alle eigenen Bedürfnisse dem Kind, hat schlaflose Nächte nach einem kleinen Konflikt und gibt den Job auf, um für immer und ewig dem Kindeswohl zu dienen.

Die Nanny: Weiß ganz genau, wo es langgeht, ihr macht keiner was vor. Nicht nur die Kinder, sondern auch der Mann brauchen Regeln und Konsequenz. Fahndet jeden Regelverstoß unerbittlich. Lästert liebend gern über andere Mütter und führt gerne ihre wohlerzogenen Kinder vor.

Die Super-Mom: Schafft Kinder, Job und Haushalt spielend leicht und perfekt. Versteht gar nicht, wie es dabei ein Problem geben kann. Hat manchmal nur ein klitzekleines, heimliches Suchtproblem.

ICH: Keine von allen – und alle zugleich. Selbstverständlich perfekt ohne jegliche Macken.

DANK

Dank an unsere Familien, ohne deren großartige Unterstützung wir selbst mit gekonntem »Muttitasking« oft überfordert wären.

Dank auch an alle unsere Freunde und Freundinnen – viele von ihnen selbst »Muttitaskerinnen«, manche sogar »Papatasker«.

Monika Bittl und Silke Neumayer

ALLEINERZIEHEND MIT MANN

Bis zur Geburt des ersten Kindes leben Frauen und Männer heute meist als emanzipiertes Paar. Doch kaum ist das Baby da, wird schnell klar: Für die Frau ändert sich viel mehr als nur der Bauchumfang. Die neuen Mütterwunder arbeiten in Voll- oder Teilzeit, kaufen ein, erziehen, kochen, schlafen NICHT und recherchieren bei Mutti.de, wie man Karottenflecken entfernt. Die Männer dagegen scheinen wie vom Erdboden verschluckt, dabei sind sie ganz leicht zu finden: in der Arbeit – fern vom Haushalt und der alltäglichen Kinderbetreuung. Auch Monika Bittl und Silke Neumayer haben diese Erfahrung gemacht und berichten witzig, ehrlich und charmant vom Leben als Alleinerziehende – mit Mann.

Knaur Taschenbuch Verlag

Nina Puri und Susanne Kaloff

ELTERN-KRANKHEITEN

Der große Ratgeber

Geschickt vorbeugen, messerscharf erkennen, erfolglos behandeln.

Was tun, wenn Eltern physisch oder psychisch auffällig werden? Als Betroffene müssen Sie wissen:

• welche Symptome was bedeuten,
• wie Sie, rein theoretisch, vorbeugen können,
• ob es gefährlich ist oder einfach nur anstrengend.

Das Abc der Elternkrankheiten

• informiert über 150 Krankheiten von Augenringe bis Zurschaustillen,
• klärt auf über die seelische und körperliche Entwicklung von werdenden Eltern, jungen Eltern
• und völlig runtergerockten Eltern,
• zeigt lustige Notfälle, ohne nennenswert weiterzuhelfen.

»Erfrischend unernst – und wohl hilfreicher
als manch gutgemeinter, bitterernster Ratgeber für
(vorübergehend) leicht überforderte Eltern.«
Tages-Anzeiger

Knaur Taschenbuch Verlag